JN131776

# 北方島文化研究

第 14 号

2022年3月

北方島文化研究会

# 死者に関わるアイヌの送り儀礼

## ―モノの人為的破損をめぐる「解釈」―

## The 'Soul-Sending Rituals' (Okuri-Girei) of Ainu Related to the Dead People
## ― 'Interpretation' about the Artificial Damage of the Objects―

百 瀬　　響

Hibiki MOMOSE

Key-words：アイヌ文化（Ainu Culture）、世界観（cosmology）、祖先祭祀（Ancestral Rituals）、エミック（emic）、「貝塚＝送り場」説（'Shell Mound = Soul-Sending Place' Theory）

## はじめに

　本論は、アイヌ文化の死者に関わる儀礼、すなわち人が亡くなった際の葬儀や埋葬、あるいは死後の祭祀に付随する、「モノの破壊を伴う儀礼行為」について、「送り儀礼」の観点から検証を行う。まず、その理論的前提として、アニミズムや呪術の文化人類学の古典的説明原理を随時確認し、これらとアイヌ文化におけるモノの人為的破損に関する理論として提出された「貝塚＝送り場」説の特徴を、etic/emic の学説から明確化しようと試みる。次に、アイヌの世界観の中から、モノ（動植物および器物）や人間の死への移行に関して検証した上で、死者に関わる儀礼にみられる「送り」の行為を確認する。さらに、筆者が 1986 年以降行ってきた調査資料から、アイヌの祖先祭祀儀礼に見られる（「残存」する）モノを破損する事例を紹介し、現代のアイヌ文化における「送り儀礼」の一端を示したいと考える[1]。

　なお本稿では、民族集団呼称として「アイヌ」〈ainu〉を用い、対置概念としての「アイヌ以外の日本人」について、「和人」を使用している[2]。アイヌ語を表記する場合は『アイヌ語方言辞典』を主に参照した（服部四郎編，1995）。

　また、引用を除き、初出部分に限って、カナ書き・ローマ字表記を併記した[3]。引用文については、第二次世界大戦前後に記された著作・資料が含まれているが、これらの文献・資料については、時代的な限界や歴史資料であることを鑑み、語句の訂正は避け、そのまま用いている。

## I　古典的文化人類学における副葬品破損の説明

### 1　理論的前提

　文化人類学における副葬品の破損行為の説明原理については、初期の進化主義的な文化人類学において、「アニミズム」や「呪術」などの宗教理論が提出されている。これらは、19 世紀から 20 世紀初頭にかけて、いわゆる「原始文化」や「未開社会」とみなされた集団の文化を説明 / 解釈するために提出された概念である。そこでは、副葬品等に対する人為的破壊行為が、世界中の「原始文化」や現行する文化に残存する理由を、その背景にある各文化における世界観（他界／異界観）の類似性にもとめた。

　文化の残存については、研究対象とされた当該文化のみではなく、研究者が属する（西洋の）過去の文化を含む、古代文化や「迷信」などの説明原理として、提出・援用されたものも多い。

　さらに、これらは古典的な学術用語としてばかりではなく、現在でも学問領域――宗教社会学・文学・サブカルチャー研究ほか――を広げて、その定義――例えば呪術〈magic〉と宗教〈religion〉概念の関係性――の検討が行われている（江川・久古田編，2015、高山，2018）。学説史については、百瀬（2017）で論

北海道教育大学札幌校　〒002－8502　札幌市北区あいの里 5－3－1－5

じていることから、本稿では関連する議論のみを簡潔に記す。

## (1)アニミズム概念と死のアナロジー

　アイヌ文化における宗教は、「宇宙のあらゆる事物に霊魂が内在し、その霊魂は肉体乃至形骸を遊離して存在する所謂 animism〈霊魂崇拝〉にある」とされている（久保寺，1970、p. 39）。

　アニミズムの提唱者である E．B．タイラーは、宗教を「霊的な存在〈spiritual being〉の信仰」と定義し、全てのモノに魂が存在するというアニミズムが、人類の原初よりみられる現象であると主張した。タイラーは、その著書『未開文化』の「アニミズム」の項において、死とは身体からの生命原理（魂）の分離であるとして、これが人のみではなく、動植物や無生物までに援用されると論じた。特に、供儀や副葬品が、殺害もしくは破壊されたり、燃やされたりする古今東西の事例を多数示して、その理由が、「死後の生活に供するため」であると説明している（Tylor，1889）[4]。

　すなわち、これらの破壊行為は、モノ（生物であれば身体、無生物であればその物体）の中にある霊を、殺す／壊すことによって分離し「自由にする」という、世界観に基づく行為であると論じ、副葬品等の人為的破損行為が、死のアナロジーであると解釈した。後述するように、破損の理由を「死後の生活に供するため」とする見解は、動物（モノ）を殺害（破損）することで死後の世界に魂を移行させるという、アイヌの「送り儀礼」と同様の世界観に基づくことがわかる。

　以上のようなモノの人為的破損を、人間による意図のもとに行われる操作的側面について説明するのが、J．G．フレーザーによる「呪術」の概念である。

## (2)呪術概念による解釈

　1890 年に大著『金枝篇』初版本を著した J．G．フレーザーは、文化進化主義的立場から、呪術－宗教－科学という「進化」の図式を提示した。特に「未開文化」に多くみられる呪術〈magic〉を、超自然的力〈例えば、神・精霊等〉に働きかけることにより、現在の状態を「操作」ないし「統御」しようと試みる「疑似科学」であると捉え、二種類に分類した。類似の「原理」、すなわち現実を模倣することで超自然的力に働きかけ、現状を変えようと試みる類感呪術〈Homeopathic Magic〉と「一度接触していたものは、離れた後も一方から他方に作用し続ける」とする感染呪術〈Contagious Magic〉である [5]。

　この二種類の呪術は、どちらか一方のみよりも、双方の要素が複合的にみられることが多い。一例として日本の藁人形の呪術をあげれば、これは、藁人形の中に呪う相手の所有物を入れ、釘を打ちつける等の「操作」を通して、相手に危害を及ぼしうるという考え方に基づく。藁に相手の所有物を入れることにより、藁人形は本体に影響を及ぼし得る存在とみなされるようになり（感染呪術）、人形に対して行ったのと同様の危害が対象者に及ぶ（類感呪術）というものである。

　このような呪術の「成果」は、何らかの——各文化の世界観に基づく——超自然的理由によりもたらされると考えられているが、呪術的「操作」の結果は、科学に必須とされる再現性が保証されるものではない。フレーザーが、呪術を「疑似科学」とみなした所以である。

　ところで、この「理論」を援用すれば、前項で記した「副葬品や供儀を破壊もしくは殺害する」行為は、モノの中の霊を、殺す（壊す）ことで分離する、類感呪術であるとの解釈が可能である。この「操作」と「死後の生活に供する」目的の関係性を、研究者の理解のあり方——外部から観察可能な行為〈etic〉／聞き取りによる行為者の説明〈emic〉——の観点から、以下で検討する。

## 2　送り儀礼の解釈と etic ／ emic 理論

## (1)「貝塚＝送り場」説の特徴

　アイヌの送り儀礼の解釈として、1935 年、河野広道によって発表された「貝塚＝送り場」説を検討する。以下に送り儀礼の説明がなされた部分を引用する（河野，1971、pp. 234-235。なお、傍線は筆者による）。

　如何なる食物と雖もカムイが形を変えてアイヌに食べられにやって来たものであるから、食べる時にはまず神に感謝し、食べた残りや不要の部分は決して粗末にせず、丁重に神の国に送ってやる。取扱を丁重にして、送ってやれば、神は再びそのアイヌに食べられにやって来るのである。例えばキムンカムイなら、熊の形をして、あの温い毛皮と、その内に包まれたあの美味しい血と肉とを土産に持ってアイヌの所にやって来る。アイヌはだからその皮を剥いで着、血をすすり、肉を食べ、骨髄に舌鼓を打ち、その代り頭骨をヌシャサンに飾り、イナウを立て、酒やご馳走をそなえ、その他の土産物を数多く持たせて熊の霊即ちカムイを天国に送り返すのである。そうすると、カムイは天国に行って多くの神々にアイヌの所で歓待されたことを自慢し、それを聞いた神々は、そのアイヌの所へやって来る、従ってカムイを丁重に送るアイヌには猟が多いと考えている。だから熊のみに限らず総て食用に供する鳥獣魚類はイナウをたてて送るのである。この送りの儀礼がイオマンテである。

　上記の説は、「総て食用に供する鳥獣魚類」であるカムイ〈kamuy〉に対して、「イナウを立て、酒やご馳走をそなえ」、「食べた残りや不要の部分は…丁重に神の国に送ってやる」という──外部から観察可能な──儀礼行為を記した部分（破線部）、および儀礼を行う主体であるアイヌがどのように考えていたか──当該集団内で共有されている理由──の双方が混在して記されている。研究者による解釈は、厳密には、イオマンテ〈iomante〉が「カムイを丁重に送るアイヌには猟が多い」とアイヌが考えているから、「熊のみに限らず総て食用に供する鳥獣魚類はイナウをたてて送る」という部分（傍線部）である。

　以上、「貝塚＝送り場」説の特徴として、同説が、儀礼行為の観察と聞き取り調査の結果を主体として解釈がなされている点を指摘した。現在では、このような態度は、異文化理解のあり方として当然のように思われるが、文化人類学においてこの観察と聞き取りをもとに解釈する手法が理論化されたのは、1950年代になってからであった。

## (2)「外側」からの観察〈etic〉と「内側」の考え方〈emic〉と「貝塚＝送り場」説

　儀礼研究に限らず、文化要素に関しては、行為を行う当該集団に属さない外部の人間が、観察可能な部分と当該集団に聞かないと知り得ない、集団内部に共有されている情報がある。換言すれば、研究者が取りうる第三者的視点と聞き取り調査などによってのみ知りうる視点があり、これら双方の視点／立場を用いて分析する手法を提唱したのが、米国の構造言語学者K．L．パイクである。彼は言語学的知見を援用して、これらの立場をetic〈エティック〉とemic〈エミックあるいはイーミック〉と名付けた（Pike, 1954）[6]。eticとは、個別文化の研究をする際、当該文化の外部の視点から、論理的に適合しうる概念・用語を採用して分析する手法を意味する。一方、前者の対立概念として、emicは個別文化の研究を目的に、当該文化の内部に用いられている説明原理を採用して分析する手法である。

　「貝塚─送り場」説発表は1935年であり、当時、etic／emic的な認識の使い分けが意識的に、河野により行われていたか否かは不明であるものの、同説ではこれらの概念が混在しつつも用いられていることは確かである。送り儀礼を意味する代表的な語には、イオマンテがある[7]。クマを対象とするイオマンテ（クマ送り儀礼／熊祭）では、人がクマを殺す儀礼的行為を伴う。オマン〈oman〉はアイヌ語で「送る」を意味し、モノの魂を異界へ送ることを指す[8]。また、イオマンテが催される理由に着目すれば、送り儀礼を行うことによって、より多くの食料の増大を願う「豊穣儀礼」ないし「強化儀礼」の側面が指摘しうる。

　では、アイヌの（宗教的）世界観においては、魂はどこに送られると考えられたのであろうか。以下に、アイヌの送り儀礼の種類をあげ、その世界観について概観する[9]。

## Ⅱ　送り儀礼の種類とアイヌの世界観

### 1　送り儀礼の種類

　送り儀礼の対象は、食料となる神〈カムイ〉である鳥獣魚類以外にも、植物、あるいはモノ——器物（生活道具・食器・家具を含む）——など様々であり、器具についてはモノが壊れる／壊すという行為を伴う。表1は、『イオマンテの考古学』（宇田川，1989）をもとに、送り儀礼の名称や対象をまとめたものである[10]。

　このモノの破損については、副葬品の破損をはじめとする死者に関わる儀礼——葬儀や祖霊祭祀など——においても見られ（etic）、かつ人間が死後に赴くとされる他界〈ポクナ　モシリ〉に送るという考え方〈emic〉が適用されている。

#### 表1　アイヌの送り儀礼の種類

| 名　称 | イオマンテ〈iomante〉，オプニレ〈opnire〉，イワクテ〈iwakte〉 |
|---|---|
| 対　象 | 動物、鳥、魚類＊、食用植物、道具（什器・漁狩猟具・鉄器ほか） |
| 方　法 | 動物は殺す（既に死んだ場合を含む）。植物は野菜の不可食部などを送り場に置く。器物は、壊す（壊れたモノを含む） |
| 備　考 | 不要の物・壊れた物、不要な部分（例:糠）は、祭壇の一部（主要な祭壇以外の場所）等に、まとめて置いておく。 |

**出典**：（宇田川，1989）から、筆者が作成した。

　　　＊サケその他の骨・内臓を集めて河原の一定の場所に放置する、川に流す／流されるようにする等（宇田川，1989，p.30）。

### 2　アイヌの世界観

#### (1)カミと異界

　アイヌの世界観のモデルを示すにあたって、まず前述したイオマンテを例に検討する。熊祭、あるいはクマ送りとも呼ばれるアイヌのイオマンテは、山獲りの子熊を集落で育て、儀礼を催してクマを殺す「仔熊飼育型」クマ送り儀礼である。この儀礼は、「人間の国（この世）」アイヌ　モシリ〈ainu mosir〉から、天にあるという「神の国」カムイ　モシリ〈kamuy mosir〉への移行が、クマが死ぬ〈あるいは殺害する〉ことによって「送る」という認識〈世界観〉に基づいて催される。

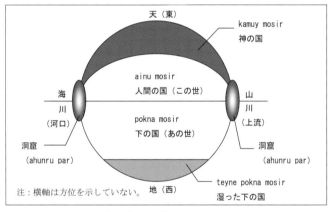

**図1　アイヌの世界観モデル**（百瀬，2017、p.52より引用）

　図1は、アイヌの世界観を図式化したものである（百瀬，1994・2016）。まず、異界について説明すると[11]、神々は天上の神の世界では人の形をしているが、クマの仮装ハヨクペ〈hayokpe〉をつけて、アイヌに食物や毛皮を与えるために、この世に降りてくるという。他にも悪いカムイ——例えば、人間に危害を及ぼした熊等——が堕ちるとされる湿った下の国テイネ　ポクナ　モシリ〈teyne pokna mosir〉を、他の線〈異界・他界〉に接さないように円の底に置き、他の世界に戻れずに「留まる」という状態を示している。

#### (2)人間のあの世——他界観

　一方、人間が死後に赴く場所は、地下の「下の国（あの世）」ポクナ　モシリ〈pokna mosir〉であり、ここで死者は生前と同様の暮らしを営む。あの世は、この世とは逆さまの世界で、地面の向き、季節、時間が反対の世界とされている。この世とあの世がつながる場所が洞窟であり、人間が洞窟を通ってあの世

に迷い込む話が、各地に残されている。ここでは、民俗学の知見も利用して、洞窟を山や海、川などの「異界」を「他界」の入口として、左右に配した。また、神の国とこの世の行き来を示すために、この世と接する洞窟にかぶせて記している[12]。

## Ⅲ　死者に関わる儀礼にみられる「送り」——破損行為

### 1　葬儀・埋葬での破損例

　死者に関わる儀礼としては、葬儀や埋葬時、あるいは祖先祭祀におけるモノの破損行為がある。かつてのアイヌ文化では、死霊への畏怖から墓参は行われなかったとされる。祖先祭祀は、死者が亡くなって一定の期間後、あるいは他の儀礼に付随して行われるものであったという（久保寺，1952，百瀬，1992ほか）。以下、葬儀や埋葬の際に破損行為が行われる理由を、「祝詞」の内容が詳しく記されている、『北の墓』や『鷲塚鷲五郎の世界』から紹介する（藤本，1971・1986）。これらは、1960年代半ばまでに、静内で調査された事例であろうと思われる[13]。

　葬式を行うのは、日暮れ後とされ、それは、この世とあの世で、昼夜（加えて季節）が逆と考えられていたためである。さらに、男性が墓穴を掘る時、女性は近くで火を焚いた。これは、「火の神が先にきて、死者を迎えるためと、悪神のいたずらを善神である火の神が防いでくれるため」という（藤本，1971，p. 64）。「遺体は、穴のなかに、頭を東にして静かに安置され、ひと通りの身まわり品、首飾り・耳輪・ハサミ・着物などを入れたムシロ作りの袋が、その横に副葬される。お椀などの什器は、鎌でたたきこわして、やはり遺体の横におく」（藤本，1971，pp. 65-66）。

　埋葬後に墓標をたて、「死者が、出迎えてくれる先祖たちにもってゆく土産」である供物が、かたわらにそなえられる（藤本，1971，p. 66）。参会者全員が「水桶の水で手をぬらし、墓標の根もとの土を手のひらにつけて、たれさがっている黒い布を墓標におさえつけながら、上から下に、さするようになでおろし」た後に、「屈強な男の手によって、桶に残っている水が墓標の頭にふりかけられ、そのまま逆さにした桶が墓標にかぶせられる」が、「勢いをつけて、一気に打ちこむように」して、底を抜く（図2）[14]。この行為は、「一度で桶の底を抜いてしまわなければ…死者はまた自分のコタンにさまよい戻ってくる」ためと考えられていたという（藤本，1986，p. 48）。墓標は、故人が他界〈あの世〉に赴く際の杖の役割をする。以下は、『北の墓』の「死者をなだめすかして追放」の項からの引用である（藤本，1971，pp. 61-62。なお、本文中の傍点を下線に変更した）。

（　略…）あなたは、ただただ先祖のいる神の庭にいくことを考えなさい。この世に生きているとき、あなたが使ったものは、どんなものでもみんな持たせてあげます。だから、もう、ここには、あなたのほしいものはないのです。あなたは送り墓標の杖、先祖の墓標の杖に結わえてある首飾の黒い布を右手にしっかりとつかみ、左手に送り水の桶をもって、先祖への道を歩きなさい。

　この内容からわかるのは、墓標と黒い布が他界への杖となり、破損した水桶を他界へ持参すると考えられていたことである。以上、副葬品が故人の持ち物として他界に送られる行為とそのための操作（破損）の事例を紹介した。ほかにも、故人が老人（男女とも）や女性の場合には、家（副葬品込み）を焼く風習がある。この儀礼は、あの世

**図2　墓標と桶**
（白老アイヌ民族博物館 H. P. より引用）

で住む家を、死者に「送る」目的で行われたという。

## 2　家の焼却

　前項では、副葬品が故人の持ち物として他界に送られる行為、およびそのための操作〈破損〉の事例を紹介した。ほかにも、故人が老人（男女とも）や女性の場合には、家〈副葬品込み〉を焼くカシ　オマンテ〈kas　omante〉という風習があった[15]。これは、死者にあの世で住むための家を〈家を作ることができない死者に〉「送る」という目的で行われていたものであり、その方法には、故人が住んでいた家を焼く、あるいは新たに家を建ててその中に日用品を入れて焼くなど、様々なパターンがある。さらに夫婦の例では、先に亡くなった故人にカシ　オマンテを行った場合には、後に亡くなった故人にはこの儀礼を行わないとする事例もあり、これらの違いは、地域・家系あるいは個人によるものか否かは不明である（百瀬, 2017）。

　なお、この儀礼は、開拓使によって明治4(1871)年に禁止された。一部の地域では第二次世界大戦後も行われていたというが、高度経済成長期以降の宅地化により、大規模な火をたくことは難しくなったことから、次第に行われなくなった。ただし、モノを焼却することによって「送る」風習は、形を変えて未だに行われている。この点については、Ⅳで紹介する。

## 3　祖先祭祀儀礼における供物の破損

### （1）祖先祭祀の特徴

　アイヌの祖先祭祀は、久保寺（1952・1969など）による一連の研究がある。その名称には、シンヌラッパ〈sinnurappa〉、シヌラッパ〈sinurappa〉、ヌラッパ〈nurappa〉、イチャラパ〈icharpa〉がある。加えて、旭川ではイチャラパに加え、イアレ〈iare〉という名称が使われている（百瀬, 1992）[16]。

　このうち、ヌラッパは涙を流すことを意味し、イチャラパはまき散らす行為を、イアレは置いておく行為を意味する。この儀礼においては、供物の供食と破損が行われるほか、人〈家系〉によっては、供物を載せる敷物を破損する例もみられた（百瀬, 1993）。

　祖先祭祀の特徴として指摘されているのは、アイヌ文化において、女性が祭祀を行うことは禁忌とされていた中で、唯一、女性が儀礼に参加することが可能であった点である。それは、祭祀の対象が、男性は男性の祖先、女性は女性の祖先に対して、それぞれ祭祀を行うことに関係していると考えられる（久保寺, 1969, 百瀬, 1994）。この儀礼が行われる場所は、幣場に併設される祖先幣場、「家の裏」など──それに伴い、木幣イナウ〈inaw〉の本数も含め──地方によって異なる[17]。

### （2）供物を撒く行為

　儀礼の名称にもなっているイチャラパは、祖先幣場や祖先の木幣の辺りに供物をばら撒く行為を指す。その場合、木幣の近くに撒く供物は、祖先に対して行うもので、それよりは離れた場所に対して、「羨んでいる悪霊に対し酒粕を撒く」という行為が報告されている（Munro, 2014、p. 91）。

　さらに、死者（祖先）の霊が憑くのを避ける

**図3　1960年代の祖先祭祀の様子**（平取；河野本道氏撮影）

6

ため、故人の名前は呼ばず、一代上の祖先の名に呼びかける（祭祀の対象が母親なら、祖母）・儀礼を行った場所から自宅へ戻る際に、後ろを振り返らない、「憑かれないよう」あるいは「生者を守るため」火を使用（燠、松明）するなど、祖先の霊であっても畏怖の対象となっている点に特徴がある。

図3は、1960年代に平取で行われた祖先祭祀の写真で、女性達が幣場（カムイの幣壇より一段低く設えられる、「祖霊幣場」）で祭祀を行っているものである（奥の女性が、供物をイナウの前に撒いている）。

かつてアイヌは死者の霊を恐れ、墓参は行わなかったというが、この事例のように、現在では葬儀や盆行事の際に、墓地で祖先祭祀が行われている。このように、仏教儀礼との習合が見られるとともに、供物の破損による「送り」と供物を撒くイチャラパの行為は、現在も行われている。

## Ⅳ　現在の儀礼に見られる「送り」の行為

### 1　供物の破損と火の使用

現在、死者に関わる儀礼において、送り儀礼の側面は、アイヌプリ〈ainu puri〉（アイヌの習慣／方法）の儀礼（一時期行われなかったものを復活した場合を含む）に付随する祖先祭祀や、例えば仏教行事における葬儀や法要、墓参、盆行事に付随する形で見られる。葬儀や法要後に故人の自宅の外で行われるほか、墓参・盆行事での行われる供物の破損や供物を撒くイチャラパ（必ずしも生米などの穀物とは限らないようである）、形見の処理、日常の供物などにおいて、破損行為がなされることがある。以下、そのような事例を、いくつか紹介する。

**図4　祖先祭祀での供物破損**（旭川；2007年、筆者撮影）

図4は、2007年に旭川でクマ送りの復活儀礼に付随する形で行われた、祖先祭祀（イチャラパ、イアレと呼ばれていた）の供物の状況である。燠が置かれている方が、儀礼が行われる正面にあたる。供物を破損して供え、燠の近くに置いている（煙草の吸い口は、儀礼参加者がいる方向とは反対側に置かれる）（図7）。供物は果物や菓子であるが、他にも、生米等の穀類が「無縁さんに、チャリ／チャルパする」ために撒かれる。これは「供物をもらえない無縁仏が、羨んで見ているから（祖先の供物を横取りしないように）、あの世で煮炊きする穀物を撒く」という（百瀬，1993）。

図5は、江別市の墓地で催されている樺太アイヌ慰霊祭において、女性がイナウの前で、供物を欠いている様子である。この写真には写っていないが、儀礼が行われている横で火がたかれている。このように、モノの破損と同時に、火を焚いたり、儀礼の場に燠を携帯したりするなどといった「生者を守る」ための行為も、引き継がれている。

他にも、筆者が1990年代に旭川で行った調査での事例をいくつかあげると、故人の愛用品、例えば服の一部にハサミを入れてから

**図5　樺太アイヌ慰霊祭の様子**（江別；2003年、筆者撮影）

棺に入れる、あるいは葬儀後、河原に行って（ハサミを入れた服を）焼く、加えて死後、ふいに故人を思い出した際などに、酒や供物を用意して、「イアレする」等を、実際に行った事例として、複数の女性から伺った[18]。故人が愛用した服などにハサミを入れて破損する行為に加えて、火で燃やすという行為は、既述した老人や女性の家を焼く風習カシ オマンテとの習合を予想させる。ただし、現在では宅地化が進行した影響から、家の付近でイアレを行って供物を置いておくことも、モノを火で焼くことも難しい状況になっているという。

　このように、家を焼く風習は、明治時代に禁止された以降も、様々に変化しつつ残存している。祖先祭祀における「送り」の行為も同様に、時代の影響を受けて、様々に習合し、変化を遂げていると考えられる。

## 2　仏教行事における供物の破損

　最後の事例として、盆行事における供物の破損を紹介する。毎年行われる盆行事においても、供物の破損が行われる例が見られる。図6および図7は、旭川の盆行事で供えられた供物の事例である。盆行事における墓地での参拝では、墓標の前に、菓子や果物、煮物、飯（赤飯など）が供えられ、墓標の前で集まった人々が供食する姿が見られる。

　図6の木製墓標の根本には、果物は切ってあったり、一部食べたりしたものが、供えられていることがわかる。図7は石製の墓標の例であるが、木製墓標と同様に、供物が破損されて供えられていることがわかる。特に、墓標の右上部分には煙草が供えられているが、吸い口は図4と同じく、墓標の方へ向けられている。この故人に対する煙草の供え方については、筆者はかつて、「祖先がいる方向に吸い口を向けて置く」という説明を受けたことがある。その説明にしたがえば、この世に戻って来た祖先たちは、墓標の後ろから供物を受け取っていということになるのであろう。

　ちなみに、墓地で行われる供食や供物の一部を欠くという行為は、アイヌ文化のみに見られる現象というわけではない。本州でも、地方によっては、供物の破損を行う事例がある。近接する墓地の供物でも、少数ではあるが、同様の破損状況が存在する場合があり、

図6　墓標に供えられた供物（旭川；2006年、筆者撮影）

図7　墓石に供えられた供物（旭川；2006年、筆者撮影）

このような行為が果たしてアイヌ系の人々のみによって行われているのか否かは不明である。

　しかし、アイヌ文化の影響下にある人々の間では（和人も含め）、盆行事において「送り」の行為が残存している、ということは可能であろう。

## V　まとめと結論

　本稿では、アイヌの「死者に関わる儀礼」に見られる送り儀礼、すなわちモノの破損行為に関して、理論的前提を確認し、過去の記録から破壊行為が行われる〈儀礼を行う人々が考えた〉理由を示した。その上で、現在も儀礼（仏教行事を含む）等で行われる「送り」の側面を紹介した。

　Ⅰでは、モノの破損に関する古典的人類学におけるアニミズムおよび呪術からの解釈を示し、さらにⅡで、「貝塚＝送り場」説が、外部からの観察と内部の考え方双方を採用してなされた解釈であると指摘した。加えて、アイヌの送り儀礼の名称や対象の種類を簡潔にまとめ、これらの行為の背後にある世界観に関するモデルを提示した（図1）。

　次にⅢでは、葬儀の祝詞が示されている記録を紹介し、モノの破損が「死者がもっていく」ために必須の行為であると認識されていたことを確認し、家を燃やす行為も同様に「送り」儀礼であることを示した。さらに、祖霊祭祀が行われる場所に、モノを壊して「置いておく」あるいは「撒く」行為が存在することを論じ、後者の「撒く」対象には、二種類——祖先とそれ以外〈を持たないなど〉の霊——があることや、死霊への畏怖感が強く認識されている点を指摘した。

　最後にⅣで、筆者の1980年代以降の調査から、他の儀礼に伴う祖先祭祀儀礼、仏教行事との習合、副葬品の供養に見られる「燃やす」、「壊す」などのモノの破損の事例を紹介した。

　このような事例の存在から、アイヌの送り儀礼の側面、すなわちモノの破損行為〈および死霊への畏怖感・禁忌〉は、現在でも死者に関わる儀礼行為の中に引き継がれていると予想される。換言すれば、アイヌ文化におけるモノの「送り」の行為は、他の儀礼と習合するなど様々に変化しつつ、現在も残存すると見なしうるのではないであろうか。

## おわりに

　本稿では、アイヌ文化の変化について詳しくは述べなかったものの、近代化や戦争、高度経済成長期から1990年代に至る社会変化を経て、様々に変容してきた。その一方で、1970年以降のアイヌ復権運動および文化復興運動を背景に、アイヌ儀礼の再興が行われている。これらの影響を受けて、地域によっては、祖先祭祀を含めた死に関わる儀礼の様相に、本稿で紹介した1960〜2000年代ころまでの報告例とは、大きな変化が認められる場合もある。さらに現在では、日本文化と同様、アイヌ文化もまた、国内の少子高齢化に伴う文化伝承の担い手の減少に直面しており、今後もさらに変化する可能性が予想される。

　しかしながら、モノの送りの観念と儀礼が、アイヌ文化の特徴を示すものであり、近隣文化ないしはアイヌ文化以前の文化を解釈・理解するに際して、依然有効な「手段」となりうることは指摘しうるであろう。

　そのような事例として、最後に、米村喜男衛が1936年にアイヌの古老から聞いたという、貝に関する報告例を紹介して筆を擱くこととしたい（米村，1981、pp. 265-266）[19]。

　　貝殻の一片でも粗末にしておくと、その貝がもし海に入った時、貝は彼らの仲間に身を喰われるから早く逃げろというので、それを聞いた仲間の貝達は、一夜のうちに全部何処かへ逃げてしまい、アイヌが実際に食物に困ったことがあった。だから全て丁重に送り場にまとめおいて、酒宴などの時には先ず第一にお酒を捧げる…[20]。

## 註

1）本稿は、第63回北方島文化研究会での筆者による発表「死者に関わるアイヌの送り儀礼」（2018年12月15日、於北海道博物館）の内容を補足して発展させたものである。

2）民族呼称については、「アイヌの人々」「アイヌ民族」等の呼称も、現在、一般に用いられている。「アイヌ」が他の先住民言語と同様、「人」を意味する、本来差別的意味あいのない名称であること、さらに「アイヌ民族」の対置概念が、「日本民族」あるいは「大和民族」になりうる等の理由から、「アイヌ」を民族呼称として用いている。この点に関しては、拙著に詳しく記しているため、そちらを参照されたい（百瀬, 2008〔初出1996〕, pp. 146-148）。

3）アイヌ語の表記は、主に『アイヌ語方言辞典』（服部, 1964）を参照している。

4）Sir Edward B. Tylor（1832-1917）。『原始文化』においては、特にアニミズムの項、第1巻第11章に詳しい（p. 481-496など）。なお、Tylor の「身体から霊を自由にする」議論を送り儀礼に適用できる点に関しては、タイラーが「自由霊」free spirit の概念として、故河野本道先生からの示唆を受けた。ちなみに、『原始文化』の当該部分中には、free spirit という形の名詞で用いている部分は見つけられなかった。

5）Sir James G. Frazer（1854-1941）。フレーザーの学説に関しては、主に（古野, 1973, Pals, 2015）を参考にして記した。なお、類感呪術は模倣呪術（Imitative Magic）と、感染呪術は接触呪術とも呼ばれる。

6）K. L. Pike（1912-2000）。同説については、（Pike, 1999）を主に参照した。ちなみに、etic は音声学phonetics、emic は音素論 phonemic の語尾を用いた造語である。

7）イオマンテの他にも、オプニレ、イワクテ等、動物・器物送りを示すアイヌ語がある（宇田川, 1989, p. 29, p. 33-34）。表1参照。

8）本稿では、タイトルでの「送り」を表す英文として 'Soul-Sending' を採用した。その理由は、アイヌの送り儀礼に伴うモノを破損〈あるいは、生物の殺害〉行為が、「魂を神〈カムイ〉の世界に送り帰す」ために行われると説明されてきた点に着目したことによる。

9）この点に関しては、（百瀬, 1994・2017）で詳述したので、ここでは簡潔に述べるにとどめる。

10）表1では、送り儀礼の名称と送られる対象が、必ずしも対応していない。あくまで現時点での案として示したものである。註7参照。

11）区別上、「他界」は人間にとっての「あの世」を意味し、「異界」は人間以外のモノ〈カミ・動植物・器具ほか〉の魂の在り処を指す。本稿では、双方の包括的概念として、「世界観（cosmology）」の語を用いている。

12）ただし、人間が神の世界に行く話は多くはなく、必ずしも移行に洞窟を使用するわけではないので、図の洞窟の位置を、中央線の下にずらす必要があるかもしれない。

13）藤本（1971・1992）共に、鷲塚鷲五郎氏（1893-1965）からの情報を主に記していることから、1960年代半ばとした。

14）図2の写真は、白老アイヌ民族博物館「アイヌ文化入門」より引用（最終閲覧日2018年12月5日）。
http://www.ainu-museum.or.jp/nyumon/rekishibunka/2_6issyo.html
なお、同じと思われる写真が、『北の墓』に掲載され、そのキャプションに「1920年頃・河野本道氏蔵」と記されている（藤本, 1971, p. 56）。

15）カシ オマンテについては、（百瀬, 2017）で記したので、詳細は省いた。

16）他にも、祭祀の最初と最後に、屋内の火の神へ「報告」し、日常的にも、供物は炉の火の神を通して、祖先に渡される」とされる。

17）「家の裏」は便所の横で、不用品などが置かれている場合もある。これは、宇田川（1989）が紹介した「糠捨て場」との類似も指摘しうるかも知れない。

18）これらの記録は、（百瀬, 1993・2008）で記したので、ここでは紹介に留める。

19）以上の「貝殻の一片でも」という語を、食べられない部分を意味しているとするならば、これは食物の可食部のみでなく、不要部分についても儀礼の対象となる理由が示されていると「解釈」することも可能であろう。

20）貝の送り儀礼については、『イオマンテの考古学』に、「魚の骨の儀礼的処理場とならんで、それとは別に貝殻をおさめるところ」が存在した樺太アイヌの事例が紹介され、「ヌサ場の一種であり、種別に送るという"古い形式"を残すものと考えてよいであろう」との指摘がなされている（宇田川, 1989, p. 30）。

**引用・参考文献**
アイヌ文化保存多作協議会編, 1970-a；アイヌ民族誌. 上, 第一法規出版, p. 440.

アイヌ文化保存多作協議会編, 1970-b; アイヌ民族誌. 下, 第一法規出版, p. 360.

石川栄吉ほか編, 1994; 文化人類学事典〔縮刷版〕. 弘文堂, p. 935.

宇田川　洋編, 2004; クマとフクロウのイオマンテ. 同成社, p. 236.

宇田川　洋, 1989; イオマンテの考古学. 東京大学出版会, p. 124.

江川純一・久保田　浩編, 2015;「呪術」の呪縛. 上, リトン, p. 470.

久保寺逸彦, 1952; 沙流アイヌの祖霊祭祀. 民族学研究, 第 16 巻 3-4 号, pp. 230-245.

久保寺逸彦, 1956; 北海道アイヌの葬制―沙流アイヌを中心にして. 民族学研究, 第 19 巻 3-4 号, pp. 156-203.

久保寺逸彦, 1969; アイヌの祖霊祭 Sinurappa（シヌラッパ）. アイヌ民族誌, 下, 第一法規, pp. 577-595.

久保寺逸彦, 1970; アイヌの他界観について. 駒沢大学文学部研究紀要, 第 28 号, pp. 39-53.

河野広道, 1971; 貝塚人骨の謎とアイヌのイオマンテ. 河野広道著作集刊行委員会編, 北方文化論, 河野広道著作集 I, 北海道出版企画センター, pp. 232-244. (1935; 初出).

財団法人アイヌ文化振興・研究推進機構編, 2006; アイヌ生活文化再現マニュアル 先祖供養. シヌラッパ・イアレ―白老・旭川編, 財団法人アイヌ文化振興・研究推進機構, p. 61.

Tylor, Edward B., 1977; Primitive Culture: Researches into the Development of Mythology, Philosophy, Religion Language, Art and Custom. 2, 2vols, 3rd ed., rev. Henry Holt and Company, New York, p. 470.

Tylor, Edward B., 1889; Primitive Culture: Researches into the Development of Mythology, Philosophy, Religion Language, Art and Custom. 1, 2vols, 3rd ed., Henry Holt and Company, New York, p. 502.

高田和徳編, 2017; 火と縄文人. 同成社, p. 146.

高山義光, 2018; 呪術とは何か―近代呪術概念の定義と宗教的認識. 文化人類学, vol. 83-3, pp. 358-376.

Pike, K. L. 1954;Language in Relation to a Unified Theory of the Structure of Human Behavior. Part 1, Summer Institute of Linguistics Glendale, California, p. 170.

Pike, Kenneth. L. 1999; Etic and Emic Standpoints for the Description of Behavior. in McCutcheon, Russell T. (ed.), The Insider/ Outsider Problem in the Study of Religion. Continuum, London, pp. 28-36.

バチェラー, ジョン〔安田一郎：訳〕, 1995; アイヌの伝承と民俗. 青土社, p. 520.

服部四郎編, 1995; アイヌ語方言辞典. 岩波書店, p. 556.

Pals, Daniel L., 2015; Nine Theories of Religion. 3rd(ed.), Oxford University Press, New York, p. 374.

藤本英夫, 1971; 北の墓. 学生社, p. 224.

藤本英夫, 1986; アイヌの国から. 草風館, p. 218.

Munro, Neil G., 2014; Ainu Creed and Cult. Rev., Routledge, London and New York, Columbia University Press, 1963〔©1962〕, p. 182.

百瀬〔小嶋〕響, 1992; 旭川アイヌの祖霊祭祀「イアレ」. 史苑, 53 巻, 1 号, pp. 71-83.

百瀬　響, 1993; 旭川近文地方の祖霊祭祀－3. 家にみるその継承と変容. アイヌ文化, 18 号, pp. 41-54.

百瀬　響, 1994; アイヌの死生観―婚姻範囲規制と送り儀礼. 木田献一編, 日本人の生成間・他界観の比較文化的研究－伝統と変容, 立教大学, pp. 59-74.

百瀬　響, 2008; 文明開化－失われた風俗. 吉川弘文館, p. 211.

百瀬　響, 2017; アイヌのくらしと火. 高田和徳編, 火と縄文人, 同成社, pp. 41-60.

古野清人, 1973; 原始宗教の構造と機能. 古野清人著作集, 2, 三一書房, pp. 13-281.

米村喜男衛, 1971; モヨロ. 北方郷土・民族誌, 2, 北海道出版企画センター, pp. 249-295, 〔1951 年初版〕.

山田孝子, 1994; アイヌの世界観―「ことば」から読む自然と宇宙. 講談社. p. 278.

渡部　仁, 1972; アイヌ文化の成立－民族・歴史・考古諸学の合流点. 考古学雑誌, 58 巻 3 号, pp. 47-64.

# 押捺文が施された擦文土器の分類について

## Classification of Satsumon Pottery with an Imprints Pattern

山戸　大知

Daichi YAMATO

Key-words：擦文文化(Satsumon Culture)、北海道島(Hokkaido Islands)、東北地方北部(Northern Tohoku Region)、施文法(Design Technique)、貼付文(Applique decoration)、分布圏(Distribution Area)

## はじめに

擦文土器は、新岡(1931)が小樽市蘭島出土の擦文土器を取り上げ、北海道最後の土器として位置づけたことが知られている。新岡(1931)は、この土器の「表面に細き突端で擦れる如き紋様地あり、特殊な加刻などがない」ことから施文法に注目し、「擦紋土器」の名称をはじめて示した。米村(1932)は、擦文土器を網走地方のD類の「刻文土器」とし、「模様は、縄痕をあまり見ず、腰部より口辺部に至る間は細い沈線を以て、格子形・矢羽形・鋸歯形を描くもの多く、曲線は少ない」ことを指摘した。後藤(1934)は、「巧みに描かれた土器面の紋様が全く無くなって、微かに擦痕を遺している。これを擦紋土器と名づける。」と述べ、新岡(1931)の「擦紋土器」を支持した。このころから、「擦紋土器」と「刻紋土器」が使用されるようになった。

駒井編(1964)は「擦紋土器と刻紋土器の名称は一般的になった」ことを指摘して、北海道において「擦文土器を本州の土師器の影響をうけながら、独自に発達をしたもの」とし、擦文土器と名称を統一した上で、擦文文化の土器編年を試み、擦文文化研究を大きく進展させた。

その後、擦文土器の編年については、擦文土器の成立を続縄文土器に求める考え方(菊地, 1972、佐藤, 1972)、本州の土師器の系統とする考え方(石附, 1984、斎藤, 1967)の大きく二つが示されるようになった。宇田川(1980)は、これらの編年を総括的にまとめ、各編年の擦文土器の変遷に大きな違いがないことを指摘し、各編年の時期区分に差異があることから前期、中期、後期、晩期の4期区分に整理し、擦文土器編年を総括した。その後、横山(1990)による擦文土器と土師器との対比を基軸とした、前期、中期、後期の3期区分の編年が示されている。

近年の擦文文化研究でも土器編年を取り上げる研究が多くみられる。塚本(2002)は、土器文様の変異が大きく、存続期間が一様ではないことに着目し、最も形態変化の著しい坏、高坏の分類を編年の基軸とし、特に甕の口縁部の形態変化を時期差として示した。その他、擦文土器の資料増加にともなう集成は中田ほか(1999・2004)があり、鈴木(2006)の北海道出土の東北地方の須恵器と擦文土器の共伴関係を整理した研究などがみられる。

榊田(2016)の後半期擦文土器甕の編年では、擦文土器甕の一括資料を対象として、文様モチーフの組み合わせから「単文様列土器」、「複文様列土器」を設定し、それらの系統と編年を明らかにしている。

擦文土器の施文方法については、藤本(1972)が1個体にみられる文様は1本の木片により施文されたことを指摘している。澤井(2010)は、1個体にみられる沈線の幅、深さや沈線の鋭さなどの観察から同一の工具によるものであると藤本(1972)を補強した。これらを示す資料としては、旭川市錦町5遺跡から長さ約14cmの擦文土器の刷毛目調整具と考えられる柾目板が出土している(旭川市教委, 1984)。

一方、擦文土器には刻文のほかに、貼付文や押捺文が施文されることも古くから指摘されている(河野, 1958、菊池, 1970、石附, 1984)。最初に言及した河野(1958)は、帯状貼付文や断続的に押しつける馬蹄

形押捺文を取り上げた。また、石附(1984)は、この特殊な「連続馬蹄形状押捺」をもつ突帯文を石附編年(石附，1984)のⅣ期に位置づけ、Ⅴ期に続く要素とした。

その後、先の特殊な文様を豊田(1987a・b)は、「貼付囲繞帯文様」として取り上げて研究を進めた。豊田(1987a)は、「擦文土器の甕の胴部文様帯の上縁および下縁に、幅1cm程の粘土帯を貼りめぐらし、その上面に刻文、押捺(型押)文を施す文様」を貼付囲繞帯文様とし、貼付囲繞帯文様を施す擦文土器の分布や編年的な位置づけを試みている。この研究により貼付囲繞帯文様は、石附編年Ⅱ～Ⅳ(石附，1984)、菊池編年B～E(菊池，1972)に相当する時期に存在することを明らかにした。また、豊田(1987a・b)では、貼付囲繞帯文様の系譜や馬蹄形押捺文の施文具についても、詳細な検討をおこなっている。貼付囲繞帯文様をⅠ～Ⅴ群に分類し、Ⅰ群は貼付帯上面に短刻文や列点文風に施文する土器、Ⅱ群は貼付帯上面に杉綾文(矢羽根状文)を施す土器、Ⅲ群は貼付囲繞帯文様に鋸歯状文(山形文)を施す土器、Ⅳ群は貼付帯上面に馬蹄形押捺文を施す土器、Ⅴ群は刺突文、杉綾文、鋸歯状文、馬蹄形押捺文以外の文様を貼付帯上面に施す土器と貼付帯上面に文様を施さない土器の5つに分類し、それらの編年や分布について検討した。

山戸(2019)では、豊田(1987a・b)が示した貼付囲繞帯文様のⅣ群の特徴とされた馬蹄形押捺文に着目し、小樽市で出土した擦文土器の馬蹄形押捺文を取り上げ、その様相や出土する意義について報告してきた。本稿では、さらに豊田(1987a・b)の擦文土器貼付囲繞帯文様Ⅳ群の「馬蹄形押捺文」を含めた押捺文が施される土器を対象として、文様形態の分類や土器群の変遷について検討を行い、それらの分布から地域性について考察することとする。

なお、本稿を進めるにあたり、先にも示したが擦文土器は榊田編年(榊田，2016)の「後半期擦文土器甕」の時期が符合するため、それを踏襲することとする。


## Ⅰ　押捺文の文様分類と土器の変遷

ここでは、押捺文が施された擦文土器のうち、分類、時期設定が可能な資料を対象にして、文様の分類と土器の変遷を検討することとする。


### 1　押捺文の文様分類

押捺文は、擦文土器に口縁部、頸部、胴部に特徴的に施される(第1図)。検討の対象とした資料は、文様の特徴によりA～Hの8分類とした。このうち、文様分類F～Hは文様が不明瞭な押捺文と刻文が土器一個体に施されるものである。A～Hの文様分類と擦文土器に文様が施される位置は第1図に示し、各文様分類については、次のとおりである。


#### (1)文様分類A：馬蹄形押捺文・渦巻状押捺文

この文様分類は、横位貼付帯に馬蹄形と渦巻状の押捺文が施されるものである。この横位貼付帯の位置は、口縁部、頸部、胴部に単独で施文されるものと、頸部と胴部に施されるものがある。また、馬蹄形と渦巻状の押捺文は、技法的に差異がなく同一の分類とした。


#### (2)文様分類B：押捺文

この文様分類は、横位貼付帯に施文具が不明瞭な押捺文が施されるものである。この横位貼付帯の位置は、口縁部、頸部、胴部に単独で施文されるものと、胴部と頸部に組合い施される。


#### (3)文様分類C：ボタン状貼付文＋刻文

この文様分類は、ボタン状貼付文に刻文が施されたものと縦位貼付帯に刻文が施されるものである。ボタン状貼付文、棒状貼付文の位置は、口縁部または胴部に施される。

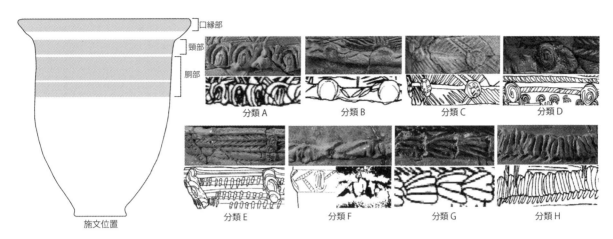

第1図　押捺文の施文位置と文様分類

### (4)文様分類D：ボタン状貼付文＋馬蹄形押捺文・渦巻状押捺文

　この文様分類は、ボタン状貼付文に馬蹄形あるいは渦巻状の押捺文が施されるものである。ボタン状貼付文の位置は、口縁部または胴部に施される。

### (5)文様分類E：棒状貼付文＋馬蹄形押捺文・渦巻状押捺文

　この文様分類は、棒状の貼付文に馬蹄形状あるいは渦巻状の押捺文が施されるものである。棒状貼付文の位置は、口縁部または胴部に施される。

### (6)文様分類F：横位貼付帯＋押捺文＋「く・ハの字」状刻文

　この文様分類は、横位貼付帯に文様が不明瞭な押捺文と「くの字」状または「ハの字」状の刻文が組合い施されるものである。施文位置は、胴部に単独で施文される。

　押捺文の条の底面には凹凸が認められず、施文は押圧面に凹凸が少ないことから指の腹を用いた可能性がある。

### (7)文様分類G：横位貼付帯＋押捺文＋横位刻文

　この文様分類は、横位貼付帯に文様が不明瞭な押捺文と横位の刻文が組合い施されるものである。施文位置は、胴部に単独で施文される。施文は、文様分類Fと同様に指の腹を用いた可能性がある。

### (8)文様分類H：横位貼付帯＋押捺文＋縦位刻文

　この文様分類は、横位貼付帯に文様が不明瞭な押捺文と縦位の刻文が組合い施されるものである。施文位置は、胴部に単独で施文される。押捺文の施文は、文様分類Fと同様に指の腹を用いた可能性がある。

## 2　押捺文の施された擦文土器群の変遷

　ここでは、先の文様分類A～Hの8つの変遷について、榊田編年（2016）をもとに、Ⅰ群土器～Ⅴ群土器にグループ化した（第2図）。また、これらの代表的な出土資料を第3図に示した。それぞれの土器群の変遷や時期的な位置づけについて検討することとする。

### (1)Ⅰ群土器

　この土器群は、文様分類Fとしたものである。代表的な出土資料としては、青森市新田遺跡の出土資料がある（第3図-1）。同時期の貼付帯に刻文が施されるⅡ群土器、Ⅲ群土器との関連性がうかがわれる。このⅠ群土器は、時期的な位置づけ、分類が可能な資料として、完形1点ではあるが同遺跡から出土したものがあげられる（第1表）。

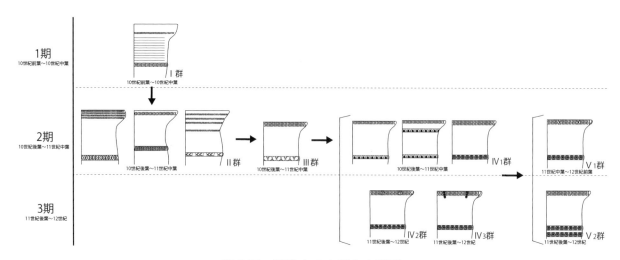

第 2 図　押捺文の変遷と土器群

(2) Ⅱ群土器

　この土器群は、文様分類 G・H としたものである。代表的な出土資料は、伊達市オヤコツ遺跡(第 3 図 -2)、青森市新田遺跡(第 3 図 -3)であり、貼付帯がない頸部に文様分類 F が施され、Ⅰ群土器との関連性がうかがわれる。この 2 例は胴部文様が無文で時期的な位置づけが難しく、甕系第 3 段階まで遡る可能性もある。また、伊達市有珠善光寺 2 遺跡(第 3 図 -4)、札幌市 K36 遺跡タカノ地点(第 3 図 -5)出土資料も該当する。

　この Ⅱ群土器は、時期的な位置づけ、分類が可能な資料として 3 点があげられる(第 1 表)。

(3) Ⅲ群土器

　この土器群は、文様分類 B としたものである。代表的な出土資料は、札幌市 K445 遺跡(第 3 図 -6)があり、貼付帯上に不明瞭な押捺文が単独で施される土器である。

　この Ⅲ群土器は、時期的な位置づけ、分類が可能な資料として 2 点があげられる(第 1 表)。

(4) Ⅳ₁群土器

　この土器群は、文様分類 A としたもので、横位貼付帯に施される土器が圧倒的に多く出土している。ここで取り上げた出土資料は、札幌市 K501 遺跡(第 3 図 -7)、小樽市蘭島餅屋沢遺跡(第 3 図 -8)で胴部の横位貼付帯に馬蹄形押捺文が施される土器である。

　この Ⅳ₁群土器は、時期的な位置づけ、分類が可能な資料として 92 点があげられる(第 1 表)。

(5) Ⅳ₂群土器

　この土器群は、文様分類 A と D が組合い施されるものである。代表的な出土資料は、厚真町ニタップナイ遺跡(第 3 図 -9)、厚真町オニキシベ 4 遺跡(第 3 図 -10)で、胴部横位貼付帯と口縁部や胴部のボタン状貼付文に馬蹄形押捺文が施される。

　この Ⅳ₂土器群は、時期的な位置づけ、分類が可能な資料として 9 点があげられる(第 1 表)。

(6) Ⅳ₃群土器

　この土器群は、文様分類 A と E が組合い施されるものである。代表的な出土資料は、厚真町オニキシベ 4 遺跡(第 3 図 -11)、厚真町ショロマ 4 遺跡(第 3 図 -12)は、胴部貼付帯に馬蹄形押捺文と胴部に貼付文、口縁部の棒状貼付文に 3 条の馬蹄形押捺文が施される。

　この Ⅳ₃土器群は、時期的な位置づけ、分類が可能な資料として 5 点があげられる(第 1 表)。

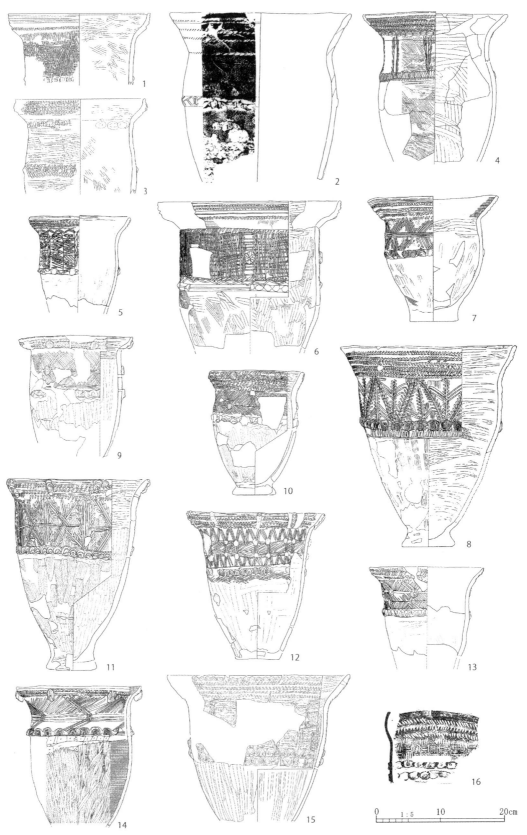

第3図　押捺文が施された擦文土器

Ⅰ群：青森市新田遺跡、Ⅱ群：2. 伊達市オヤコツ遺跡、3. 青森市新田遺跡、4. 伊達市有珠善光寺2遺跡、5. 札幌市
K36遺跡、Ⅲ群：6. 札幌市K445遺跡、Ⅳ₁群：7. 札幌市K501遺跡、8. 小樽市蘭島餅屋沢遺跡、Ⅳ₂群：9. 厚真町
ニタップナイ遺跡、10. 厚真町オニキシベ4遺跡、Ⅳ₃群：11. 厚真町オニキシベ4遺跡、12. 厚真町ショロマ4遺跡、
Ⅴ₁群：13. 札幌市K36遺跡、14. 千歳市末広遺跡、Ⅴ₂群：15. 厚真町上幌内2遺跡、16. 礼文島船泊砂丘遺跡

## (7) Ⅴ₁群土器

この土器群は、文様分類AとCが組合って施されるものである。代表的な出土資料は、札幌市K36遺跡の出土資料(第3図-13)、千歳市末広遺跡(第3図-14)で、胴部の横位貼付帯に馬蹄形押捺文、口縁部のボタン状貼付文に刻文が施される。

このⅤ₁群土器は、時期的な位置づけ、分類が可能な資料として8点があげられる(第1表)。

## (8) Ⅴ₂群土器

この土器群は、文様分類Aと胴部の横位の2条の貼付帯に馬蹄形押捺文が施されるものである。代表的な出土資料は、厚真町上幌内2遺跡(第3図-15)、礼文島船泊砂丘遺跡(第3図-16)で、胴部の2条の貼付帯に馬蹄形押捺文(渦巻状を含む)が施される。

このⅤ₂群土器は、時期的な位置づけ、分類が可能な資料として7点があげられる(第1表)。

## Ⅱ 押捺文が施された擦文土器の年代について

先に分類した土器群とその変遷を榊田編年(2016)に基づき、3期に分けて土器群の年代を検討する(第2図)。

1期はⅠ群土器が位置し、2期へと連続性がみられる。2期は、Ⅱ群土器→Ⅲ群土器→Ⅳ₁群土器→Ⅴ₁群土器と多様化しながら変遷する。3期は、Ⅳ₂群土器、Ⅳ₃群土器→Ⅴ₂群土器へと変遷し、押捺文が減少化し、この時期でみられなくなる。これらの各土器群の年代などの詳細を検討することとする。

## (1) Ⅰ群土器

Ⅰ群土器は1期としたもので、10世紀前葉から中葉に位置づけられる。このⅠ群土器は、胴部貼付帯に不明瞭な押捺文と刻文が施される。この時期から擦文土器に施された押捺文が確認される。

## (2) Ⅱ群土器

Ⅱ群土器は2期にみられ、10世紀後葉から11世紀中葉に位置づけられる。このⅡ群土器は、1期にはみられず、文様の構成から2期に限られ、押捺文の多様化が進んだものと考えられる。

## (3) Ⅲ群土器

Ⅲ群土器は2期としたもので、10世紀後葉から11世紀中葉に位置づけられる。このⅢ群土器は、胴部貼付帯に不明瞭な押捺文が施されることから、Ⅰ群土器やⅡ群土器との連続性がうかがえる。また、貼付帯上に刻文がみられないことから、Ⅳ群土器への文様の連続性がうかがわれる。

## (4) Ⅳ₁群土器

Ⅳ₁群土器は2期としたもので、10世紀後葉から11世紀中葉に位置づけられる。この土器群は、最も資料点数が多く、これまで馬蹄形押捺文(豊田, 1987a)が施された擦文土器と捉えられてきたもので、2期から3期にかけて文様の連続的な変遷がうかがわれる。

## (5) Ⅳ₂群土器

Ⅳ₂群土器は3期としたもので、11世紀後葉から12世紀に位置づけられる。Ⅳ₁群土器からの連続性と多様化したものと考えられる。

## (6) Ⅳ₃群土器

Ⅳ₃群土器は3期としたもので、Ⅳ₂群土器と同様に11世紀後葉から12世紀に位置づけられる。Ⅳ₁群土器からの連続性と多様化したものと考えられる。Ⅳ₂群土器との関連については、両方が3期

に位置づけられるが、Ⅳ2群土器の文様要素と区別したものである。

## (7)Ⅴ1群土器

　Ⅴ1群土器は2期末から3期初頭としたもので、11世紀中葉から12世紀前葉に位置づけられる。時期は、Ⅳ1群土器にみられる貼付帯に刻文を持つ土器の影響が考えられ、連続して3期につながる。

## (8)Ⅴ2群土器

　Ⅴ2群土器は3期としたもので、11世紀中葉から12世紀に位置づけられる。Ⅴ2群土器は、Ⅳ1群土器からの連続性がうかがわれる。

　このように、1期から2期にかけては、Ⅰ群土器からⅡ群土器への連続性と多様化する傾向がみられ、同時期の貼付帯に刻文が施文される土器からの影響も同時にうかがわれる。その中で、Ⅲ群土器では貼付帯に刻文がみられず、不明瞭な押捺文のみが施されるようになる。Ⅳ1群土器になると押捺文の盛行がみられ、馬蹄形押捺文の発生が示唆される。3期になるとⅣ2群土器、Ⅳ3群土器が多くみられ、それらはⅣ1群土器から連続し、馬蹄形押捺文の施文位置が多様化したことが指摘できる。Ⅴ1群土器は2期末から確認できるが、3期で主体化するものである。

　以上のとおり、押捺文が施された擦文土器の分類と時期が明確な資料を対象に、文様分類と土器変遷について検討を行った。

　その結果、1期としたⅠ群土器から押捺文がみられ、Ⅱ群土器からⅢ群土器に連続的に変遷し、馬蹄形押捺文(渦巻状を含む)を特徴とするⅣ1群土器が成立する(第2図)。3期では、Ⅳ1群土器が連続しながらもⅣ2群土器、Ⅳ3群土器、さらにはⅤ2群土器へと連続しながら多様化することが確認できた。また、この時期をもって、擦文土器に押捺文は施されなくなる。

## Ⅲ　押捺文が施された擦文土器の分布の特性

　豊田(1987a)は、馬蹄形押捺文の出現、盛行により、「石狩低地帯を中心とする地域に加え、道南部をとびこえて、陸奥湾沿岸地域にも集中するようになる」と、分布の特徴を指摘している。

　ここでは、各土器群の分布の特性について、Ⅰ群土器からⅤ群土器の分布の特性を検討する。また、これらの特性を明らかにするため、第4図に示すように、地域A: 北海道北部、地域B: 北海道東部、地域C: 石狩低地帯北部・後志、地域D: 石狩低地帯南部・日高西部、地域E: 北海道南部太平洋沿岸、地域F: 北海道南部日本海沿岸、地域G: 東北地方北部と北部から地理的に分布を分け、その特性を検討する。

## (1)Ⅰ群土器の分布の特性

　この土器群は、地域Gの青森市新田遺跡の出土資料(第3図-1)に代表される。この他では出土例は少ないが、今後、資料の増加を期待したい。

## (2)Ⅱ群土器の分布の特性

　この土器群は、地域Cの札幌市K36遺跡の出土資料(第3図-5)、地域Dの平取町二風谷遺跡の出土資料(第1表-53)、地域Eの伊達市有珠善光寺2遺跡の出土資料(第3図-4)、地域Gの青森市新田遺跡の出土資料(第3図-3)に代表される。このことから、東北地方北部から北海道の南部太平洋沿岸、石狩低地帯南部、石狩低地帯北部と拡がることが確認できる。

## (3)Ⅲ群土器の分布の特性

　この土器群は、地域Cの札幌市K445遺跡の出土資料(第3図-6)、札幌市K441遺跡の出土資料(第1表-11)に代表される。この他の地域での出土例が少ないが、特に分布の特性は地域Cの札幌市にほぼ限

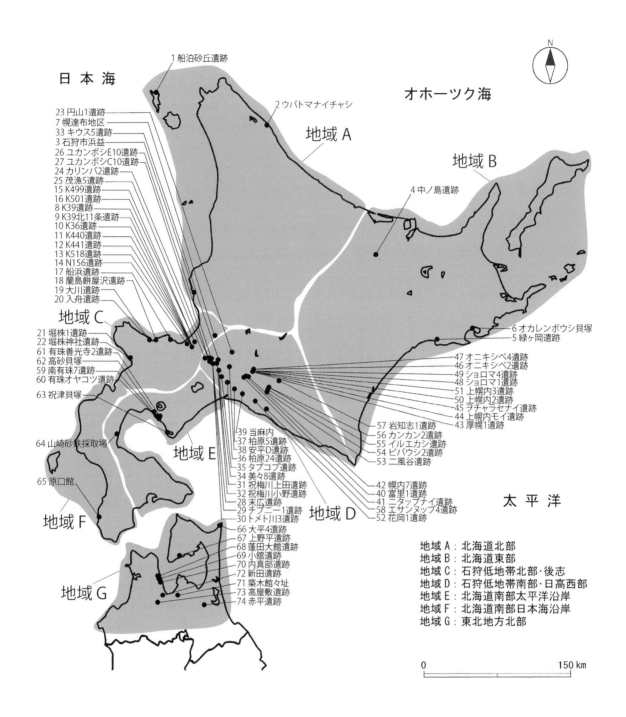

**第4図　押捺文が施された擦文土器の分布と地域区分**

地域A：北海道北部
地域B：北海道東部
地域C：石狩低地帯北部・後志
地域D：石狩低地帯南部・日高西部
地域E：北海道南部太平洋沿岸
地域F：北海道南部日本海沿岸
地域G：東北地方北部

0　　　　　　　　　150 km

られている。今後、資料の増加が期待できることから、札幌市の周辺域にも拡がる可能性がある。

**(4) Ⅳ 1 群土器の分布の特性**

　この土器群は、地域Cの札幌市K501遺跡の出土資料（第3図-7）、地域Dの千歳市末広遺跡の出土資料（第1表-28）、地域Eの伊達市南有珠7遺跡の出土資料（第1表-59）、地域Gの蓬田村蓬田大舘遺跡の出土資料（第1表-68）に代表される。ここで対象とした出土資料は、地域Cで22点、地域Dで53点、地域Eで7点、地域Gで10点を確認することができた。

　このことから、東北地方北部から北海道の南部太平洋沿岸、石狩低地帯南部と石狩低地帯北部に拡がることがわかった。

### (5)Ⅳ₂群土器の分布の特性

　この土器群は、地域 C の小樽市船浜遺跡の出土資料(第 1 表 -17)、地域 D の厚真町ニタップナイ遺跡の出土資料(第 3 図 -9)、地域 E の伊達市南有珠 7 遺跡の出土資料(第 1 表 -59)に代表される。ここで対象とした出土資料は、地域 C で 2 点、地域 D で 5 点、地域 E で 2 点を確認することができた。

　このことから、北海道南部太平洋沿岸、石狩低地帯南部、石狩低地帯北部に拡がりをみせるが、東北地方北部では確認できなくなる。

### (6)Ⅳ₃群土器の分布の特性

　この土器群は、地域 C の札幌市 K518 遺跡の出土資料(第 1 表 -12)、地域 D の厚真町ショロマ 4 遺跡の出土資料(第 3 図 -12)、地域 E の伊達市有珠オヤコツ遺跡の出土資料(第 1 表 -60)に代表される。ここで対象とした出土資料は、地域 C で 1 点、地域 D で 3 点、地域 E で 1 点を確認することができた。

　このことから、Ⅳ₂群土器と同様に北海道の南部太平洋沿岸、石狩低地帯南部と石狩低地帯北部に拡がりをみせるが、東北地方北部では確認できなくなる。

### (7)Ⅴ₁群土器の分布の特性

　この土器群は、地域 C の札幌市 K36 遺跡の出土資料(第 3 図 -13)、地域 D の千歳市末広遺跡の出土資料(第 3 図 -14)、地域の伊達南有珠 7 遺跡の出土資料(第 1 表 -59)に代表される。ここで対象とした出土資料は、地域 C で 2 点、地域 D で 5 点、地域 E で 1 点を確認することができた。

　このことから、Ⅳ₂群とⅣ₃群土器と同様に北海道の南部太平洋沿岸、石狩低地帯南部と石狩低地帯北部に拡がりをみせるが、東北地方北部では確認できなくなる。

### (8)Ⅴ₂群土器の分布の特性

　この土器群は、地域 A の礼文島船泊砂丘遺跡の出土資料(第 3 図 -16)、地域 B の厚岸町オカレンボウシ貝塚の出土資料(表 1-No.6)、地域 C の札幌市 N156 遺跡の出土資料(第 1 表 -13)、地域 D の厚真町上幌内 2 遺跡出土資料(第 3 図 -15)に代表される。ここで対象とした出土資料は、地域 A で 1 点、地域 B で 1 点、地域 C で 1 点、地域 D で 2 点を確認することができた。Ⅴ₂群土器は、礼文島、厚岸町、小樽市、厚真町などで少数ながら確認でき、地域 A の北海道北部や地域 B の北海道東部にまで、広範囲に拡がる傾向が指摘できる。

　このことから、石狩低地帯南部と石狩低地帯北部、北海道北部や北海道東部に広範囲に分布圏を拡大するようになる。一方、北海道の南部太平洋沿岸、東北地方北部では、押捺文を施した擦文土器が確認できなくなり、分布圏が移行する。このⅤ₂群土器において、押捺文が施された擦文土器が製作されなくなり、この文様がなくなることが指摘できる。

## おわりに

　これまで、押捺文の文様を A ～ H の 8 つに分類し、それらの文様要素を基に Ⅰ ～ Ⅴ群の土器群を設定し、各土器群の変遷、その年代について検討を進めてきた。その結果、押捺文が施される擦文土器の時空分布の拡がり、その特性を明らかにすることができた。このことについて、最後に成果をまとめておわりとする。

①これまで、馬蹄形押捺文と一様に捉えられてきた貼付帯の押捺文については、8 つの文様分類が可能であり、刻文からの影響やそれぞれの施文箇所の特徴を明確にした。

②文様分類の要素の組合せの検討で、Ⅰ ～ Ⅴ群土器を設定することができ、それぞれの時空的な位置づけを明らかにした。

③馬蹄形押捺文の初期要素である Ⅰ群土器は、地域 G の東北地方北部の地域でのみ確認することがで

きる。

④Ⅰ群土器の特徴である文様分類Gの要素は、東北地方北部と北海道南太平洋沿岸の伊達市を中心とした地域で確認でき、両地域間の交流あるいは人的な移動の関係性が指摘できる。

⑤馬蹄形押捺文が施されるⅣ₁群土器の盛行以前にみられるⅡ群土器は、すでに東北地方北部と石狩低地帯の地域に拡がっていたことを明らかにした。

⑥Ⅳ₁群土器は、北海道の石狩低地帯から東北地方北部で出土が盛行することから、人的(または集団)な移動、あるいは物流的な交流で活発であったことが指摘できる。

⑦Ⅳ₂群土器、Ⅳ₃群土器、Ⅴ₂群土器は、3期に盛行するものであり、この時期に文様の構成要素が多様化し、土器群として盛行したものと考えられる。

⑧Ⅴ₂群土器は、北海道の南部太平洋沿岸、東北地方北部の地域で分布がなくなり、石狩低地帯南部、石狩低地帯北部、さらに北海道北部や北海道東部にまで分布圏が大きく拡がりをみせることを明らかにした。

⑨Ⅴ₂群土器の段階をもって、押捺文が施された擦文土器が製作されなくなり、押捺文自体がなくなることを指摘した。


　以上、押捺文が施された擦文土器を取り上げ、検討を行った。その結果、押捺文が施された擦文土器の時空的分布をみると、これらの文様の発生は東北地方北部あるいは北海道の南部太平洋沿岸である可能性が明らかで、北海道では太平洋側から石狩低地帯、最終的には北海道北部、北海道東部に分布圏を拡がることが明確になった。この土器の物質文化的な拡がりは、人の移動から定住化を示すものなのか、文様要素としての文化的な伝播なのか、また、東北地方北部からの人的交流や物流による結果なのか、それらの可能性を示唆する結果となった。

　さらに、今後は新たなこれらの課題に取組み、擦文文化の本来持つ文化的な事象について検討を進める所存である。


## 謝　辞

　本稿をまとめるにあたり、調査では、(有)宮塚文化財研究所の宮塚義人氏に直接ご指導いただいた。また、札幌市埋蔵文化財センターの榊田朋広氏には、擦文土器の編年についてご教示いただいた。資料の実見、情報提供にあたっては、青野友也氏(東北芸術工科大学)、市川岳朗氏(北見市教育委員会)、川内谷修氏(日高町立門別図書館郷土資料館)、木村淳氏(青森県埋蔵文化財センター)、小山卓臣氏(東通村教育委員会)、田代雄介氏(むかわ町教育委員会)、永谷幸人氏(伊達市教育委員会)、藤井誠二氏(札幌市埋蔵文化財センター)、古屋敷則雄氏(東北町教育委員会)にご協力をいただいた。

　本稿の執筆にあたっては、北方島文化研究会での研究発表の機会を得たことから、右代啓視同研究会代表をはじめ、同研究会編集委員の方々から、多くのご指導、ご助言をいただきまとめることができた。

　末筆ながら、記してお礼と感謝を申し上げる次第である。

引用・参考文献

青森県埋蔵文化財センター編，1998；高屋敷館遺跡．青森県教育委員会，p. 402.

青森県埋蔵文化財センター編，2007；赤平 (2) 遺跡・赤平 (3) 遺跡．青森県教育委員会，p. 254.

青森県埋蔵文化財センター編，2009b；新田 (2) 遺跡．青森県教育委員会，p. 318.

青森市教育委員会，2014；石江遺跡群発掘調査報告書．Ⅶ，第 1 分冊，青森市教育委員会，p. 143.

青森市教育委員会，2011b；新田 (2) 遺跡石江遺跡群発掘調査報告書．Ⅲ，第 3 分冊，青森市教育委員会，
　　p. 183.

厚真村教育委員会編，1956；7 当真内，トウマナイ五七八番地の一，遺跡番号 7．厚真村古代史-村内に存在す

る先住民族の遺跡-, pp. 6-7.

旭川市教育委員会, 1984; 錦町5遺跡. 旭川市教育委員会, p. 141.

厚真町教育委員会, 2007; 上幌内モイ遺跡 (2). 厚真町教育委員会, p. 466.

厚真町教育委員会, 2009a; 上幌内モイ遺跡 (3). 第2分冊, 厚真町教育委員会, p. 305.

厚真町教育委員会, 2009b; ニタップナイ遺跡 (1). 厚真町教育委員会, p. 408.

厚真町教育委員会, 2010; 厚幌1遺跡 (2)・幌内7遺跡 (1). 厚真町教育委員会, p. 270.

厚真町教育委員会, 2011; オニキシベ2遺跡. 厚真町教育委員会, p. 567.

厚真町教育委員会, 2013; ヲチャラセナイチャシ跡・ヲチャラセナイ遺跡. 第1分冊, 厚真町教育委員会, p. 411.

厚真町教育委員会, 2014; オニキシベ4遺跡. 厚真町教育委員会, p. 321.

厚真町教育委員会, 2017; 上幌内2遺跡. 厚真町教育委員会, p. 321.

厚真町教育委員会, 2018; ショロマ1遺跡 (2). 厚真町教育委員会, p. 413.

石附喜三男, 1984; 擦文式土器の編年的研究. 北海道の研究, 第2巻, 考古篇II, 清文堂出版, pp. 127-158.

右代啓視, 1999a; 擦文文化の拡散と地域戦略. 北海道開拓記念館紀要, 第27号, pp. 23-44.

右代啓視, 1999b; 平安海進期のオホーツク・擦文文化. 季刊河川レビュー, No. 107, p. 104-115.

右代啓視・小林幸雄・山田悟郎他, 2000; 枝幸町ウバトマナイチャシ第2次発掘調査概報. 北海道開拓記念館調査報告, 第39号, pp. 73-94.

宇田川洋, 1980; 擦文文化. 北海道考古学講座, みやま書房, pp. 151-182.

恵庭市教育委員会, 1997; 茂漁5遺跡. 恵庭市教育委員会, p. 154.

恵庭市教育委員会, 1998; カリンバ2遺跡III・IV・V地点. 恵庭市教育委員会, p. 433.

大場利夫編, 1962; 第2節祝津貝塚, 室蘭遺跡. 室蘭市・室蘭市教育委員会・市立室蘭図書館, pp. 13-35.

大場利夫・石川徹編, 1961; 第4節柏木地区, 浜益遺跡. 浜益郡浜益村役場・浜益村教育委員会・浜益村文化財調査委員会, pp. 15-23.

大場利夫・扇谷昌康編, 1964; 勇払郡鵡川遺跡. 北方文化研究報告, 19, pp. 169-249.

大場利夫・林登美彦編, 1959; 4, 幌達布地区. 北村古代史, pp. 23-25.

小樽市教育委員会, 1991; 蘭島餅屋沢遺跡. 小樽市教育委員会, p. 823.

小樽市教育委員会, 2002; 船浜遺跡II. 小樽市教育委員会, p. 47.

菊池徹夫, 1970; 擦文式土器の形態分類と編年についての一試論. 物質文化, 15, pp. 19-33.

菊池徹夫, 1972; 擦文式土器の形態分類と編年についての一試論. 北海道考古学, 8, pp. 63-72.

北林八州晴, 1971; 津軽半島における擦文土器の新資料. 北海道考古学, 7, pp. 45-53.

清野謙次, 1969; 釧路国厚岸郡厚岸町オカレンバウシ貝塚. 日本貝塚の研究, 岩波書店, pp. 444-474.

釧路市埋蔵文化財センター編, 2012; 釧路市内高等学校郷土史研究部資料調査報告書. 釧路市埋蔵文化財センター, p36.

工藤研治他, 1982; 美沢川流域の遺跡群V. 北海道埋蔵文化財センター, p. 179.

河野広道, 1958; 先史時代篇. 網走市史, 上巻, 網走市, pp. 3-280.

児玉作左衛門・大場利夫編, 1952; 禮文島船泊砂丘遺跡の発掘に就て. 北方文化研究報告, 7, pp. 167-270.

後藤寿一, 1934; 北海道の先史時代に就いての私見. 考古学雑誌, 24-11, pp. 709-727.

駒井和愛編, 1964; 3擦文土器とオホーツク土器. オホーツク海沿岸・知床半島の遺跡, 下, 東京大学文学部, pp. 152-175.

斉藤傑, 1967; 擦文文化初頭の問題. 古代文化, 19-5, pp. 77-84.

榊田朋広, 2016; 擦文土器の研究. 古代日本列島北辺地域土器型式群の編年・系譜・動態. 北海道出版企画センター, p. 349.

桜井清彦, 1977; 小館および油川城址出土の擦文土器. 考古風土記, 2, pp. 58-60.

桜井清彦・菊池徹夫編, 1987; 蓬田大舘遺跡. 早稲田大学文学部考古学研究室, 六興出版, p. 306.

札幌市埋蔵文化財センター編, 1989; K441遺跡北34条地点. 札幌市教育委員会, p. 165.

札幌市埋蔵文化財センター編, 1995; K39北11条地点. 札幌市教育委員会, p. 165.

札幌市埋蔵文化財センター編, 1997; K36遺跡タカノ地点. 札幌市教育委員会, p. 110.

札幌市埋蔵文化財センター編, 1999a; K499 遺跡・K500 遺跡・K501 遺跡・K502 遺跡・K503 遺跡. 札幌市教育委員会, p. 209.

札幌市埋蔵文化財センター編, 1999b; N156 遺跡. 札幌市教育委員会, p. 154.

札幌市埋蔵文化財センター編, 2001; K39 遺跡. 第 6 次調査, 第 2 分冊. 札幌市教育委員会, p. 299.

札幌市埋蔵文化財センター編, 2001; K39 遺跡. 第 6 次調査, 第 3 分冊. 札幌市教育委員会, p. 339.

札幌市埋蔵文化財センター編, 2002; K440 遺跡. 札幌市教育委員会, p. 230.

札幌市埋蔵文化財センター編, 2004; K445 遺跡. 札幌市教育委員会, p. 179.

札幌市埋蔵文化財センター編, 2009; K518 遺跡. 第 2 次調査, 札幌市教育委員会, p. 466.

佐藤一夫・宮夫靖夫編, 1984; B 地区の遺構と遺物. タプコプ, 苫小牧市教育委員会, pp228-229.

佐藤達夫, 1972; 擦紋土器の変遷について. 常呂, 東京大学文学部, pp. 462-488.

鈴木琢也, 2006; 擦文土器からみた北海道と東北地方北部の文化交流. 北方島文化研究, 4, pp. 19-41.

橘善光・奈良正義, 1977; 青森県宿野部上野平遺跡. 北海道考古学, 13, pp. 27-44.

伊達市教育委員会, 1984; 伊達市南有珠 7 遺跡. 伊達市教育委員会, p. 223.

伊達市教育委員会, 1989; 有珠善光寺 2 遺跡 II. 伊達市教育委員会, p. 59.

伊達市教育委員会, 1993; 有珠オヤコツ遺跡・ポンマ遺跡. 伊達市教育委員会, p. 142.

伊達市教育委員会, 2005; 有珠善光寺 2 遺跡. 伊達市教育委員会, p. 83.

千歳市教育委員会, 1981; 末広遺跡における考古学的調査. 上, 千歳市教育委員会, p. 155.

千歳市教育委員会, 1982; 末広遺跡における考古学的調査. 下, 千歳市教育委員会, p. 501.

千歳市教育委員会, 1996; 末広遺跡における考古学的調査 IV. 千歳市教育委員会, p. 144.

千歳市教育委員会, 2004; トメト川 3 遺跡における考古学的調査. 千歳市教育委員会, p. 210.

鶴丸俊明編, 1989; 北海道平取町イルエカシ遺跡. 平取町遺跡調査会, p. 299.

洞爺湖町教育委員会編, 2007; 入江遺跡. 洞爺湖町, p. 22.

苫小牧市埋蔵文化財センター編, 1986; 柏原 24 遺跡. 苫小牧市教育委員会, p. 137.

苫小牧市埋蔵文化財センター編, 1997; 柏原 5 遺跡. 苫小牧市教育委員会, p. 691.

泊村教育委員会, 1996; 掘株神社遺跡発掘調査報告書 平成 7 年度. 泊村教育委員会, p. 273.

泊村教育委員会, 2005; 掘株 1 遺跡 (2). 泊村教育委員会, p. 229.

豊田宏良, 1987a; 擦文土器にみる貼付囲繞帯文様の分析. 遡航, 5, pp. 61-82.

豊田宏良, 1987b; 分析と考察—C 擦文土器—. 蓬田大舘遺跡, pp. 221-233.

塚本浩司, 2002; 擦文土器の編年と地域差について. 東京大学考古学研究室研究紀要, 17, pp. 145-184.

中田裕香, 2004; オホーツク・擦文文化の土器. 考古資料大観, 11, 小学館, pp. 165-179.

中田裕香, 上野秀一, 平川善祥, 越田賢一郎, 石川直章, 藤井誠二, 石井淳, 1999; 擦文土器集成, 海峡と北の考古学, シンポジウム・テーマ 2・3, 資料集 II, 日本考古学協会 1999 年度釧路大会実行委員会, pp. 287-322.

新岡武彦, 1931; 本道石器時代最後の遺物. 蝦夷往来, 創刊号, pp. 13-16.

早来町史編集委員会編, 1973; 早来町の遺跡. 早来町史, pp. 64-68.

東通村史編集委員会編, 1999; 太平 4 遺跡発掘調査報告書. 東通村史—遺跡発掘調査報告書編—, pp. 181-236.

平取町編, 1974; 第 2 章遺跡. 平取町史, pp. 50-89.

平取町教育委員会, 1995; 平取町ピパウシ 2 遺跡. 平取町教育委員会, p. 77.

平取町教育委員会, 1996; カンカン 2 遺跡. 平取町教育委員会, p. 163.

藤本強, 1972; 常呂川下流域の擦文土器について. 常呂, pp. 407-432.

北網圏北見文化センター編, 1986; 中ノ島遺跡 II. 北見市教育委員会, p. 207.

北海道埋蔵文化財センター編, 1986; ユオイチャシ跡・ポロモイチャシ跡・二風谷遺跡. 北海道埋蔵文化財センター, p. 314.

北海道埋蔵文化財センター編, 1994; 美沢川流域の遺跡群. XVII, 北海道埋蔵文化財センター, p. 166.

北海道埋蔵文化財センター編, 1996; 美沢川流域の遺跡群. XVIII, 北海道埋蔵文化財センター, p. 390.

北海道埋蔵文化財センター編, 1998a; ユカンボシ C15 遺跡 (1). 北海道埋蔵文化財センター, p. 500.

北海道埋蔵文化財センター編, 1998b；恵庭市ユカンボシ E10 遺跡. 北海道埋蔵文化財センター, p. 135.

北海道埋蔵文化財センター編, 2000；ユカンボシ C15 遺跡 (3). 北海道埋蔵文化財センター, p. 418.

北海道埋蔵文化財センター編, 2001；ユカンボシ C15 遺跡 (4). 第 1 分冊, 北海道埋蔵文化財センター, p. 282.

北海道埋蔵文化財センター編, 2002；チプニー 1 遺跡・チプニー 2 遺跡. 北海道埋蔵文化財センター, p. 223.

北海道埋蔵文化財センター編, 2007；祝梅川上田遺跡・梅川 2 遺跡. 北海道埋蔵文化財センター, p. 218.

北海道埋蔵文化財センター編, 2008；キウス 5 遺跡 (8). 北海道埋蔵文化財センター, p. 228.

北海道埋蔵文化財センター編, 2013b；祝梅川上田遺跡 (2). 北海道埋蔵文化財センター, p. 401.

北海道埋蔵文化財センター編, 2016；ショロマ 4 遺跡. 北海道埋蔵文化財センター, p. 214.

北海道埋蔵文化財センター編, 2017a；上幌内 3 遺跡. 北海道埋蔵文化財センター, p. 442.

北海道埋蔵文化財センター編, 2017b；厚幌 1 遺跡・幌内 6 遺跡・幌内 7 遺跡. 北海道埋蔵文化財センター, p. 194.

北海道埋蔵文化財センター編, 2018；豊沢 5 遺跡・富里 1 遺跡・豊沢 10 遺跡・豊丘遺跡. 北海道埋蔵文化財センター, p. 170.

松前町教育委員会, 1993；原口館. 松前町教育委員会, p. 71.

門別町教育委員会, 1987；エサンヌップ 4 遺跡. 門別町教育委員会, p. 174.

山戸大知, 2019；擦文土器に施される貼付帯に見られる馬蹄形押捺文と小樽における様相. 小樽市総合博物館紀要, 32, pp. 25-30.

余市町教育委員会, 2000a；大川遺跡における考古学的調査Ⅱ. 墓壙編 1, 余市町教育委員会, p. 405.

余市町教育委員会, 2000b；入舟遺跡 1998・1999 年度. 余市町教育委員会, p. 110.

夕張東高等学校郷土研究部編, 1967；栗山町円山遺跡. 夕張川流域の先史遺跡, pp. 16-20.

横山英介, 1990；擦文文化, ニューサイエンス社, p. 127.

米村喜男衛, 1932；北海道網走町出土土器に就いて, 史前学雑誌, 4-3, 4, pp. 44-53.

## 第1表　押捺文が施された擦文土器一覧

| NO. | 遺跡名 | 出土点数 | 地域区分 | 文様分類 | 土器群分類 | 榊田編年 | 文献 |
|---|---|---|---|---|---|---|---|
| 1 | 船泊砂丘遺跡 | 1 | 地域A | A類 | V2群 | 後半 | 児玉他, 1952 |
| 2 | ウバトマナイチャシ | 1 | 地域A | - | - | - | 右代他 2000 ※北海道博物館蔵 |
| 3 | 石狩市浜益柏木地区 | 1 | | - | - | - | 浜益村, 1961、表採資料 |
| 4 | 中ノ島遺跡 | 1 | | - | - | - | 北網圏, 1986 |
| 5 | 緑ヶ岡遺跡 | 1 | 地域B | - | - | - | 釧路市埋文, 2012 |
| 6 | オカレンボウシ貝塚 | 1 | | A類 | V2群 | 後半 | 清野, 1969 |
| 7 | 幌達布地区 | 1 | | - | - | - | 大場他, 1959 |
| 8 | K39遺跡 | 1 | 地域C | G類 | II群 | 前半 | 札幌市, 1995 |
| | | 2 | | A類 | IV群 | 後半 | 札幌市, 1995, 2001 |
| | | 1 | | A類+C類 | V1群 | 前半 | 札幌市, 2001 |
| 9 | K36遺跡 | 1 | | A類 | IV群 | 前半 | 札幌市, 1997 |
| | | 1 | | A類+C類 | V1群 | 後半 | |
| 10 | K440遺跡 | 1 | | A類 | IV群 | 前半 | 札幌市, 2002 |
| 11 | K441遺跡 | 1 | | A類 | III群 | 前半 | 札幌市, 1989 |
| | | 1 | | | IV1群 | | |
| 12 | K518遺跡 | 2 | | A類 | IV1群 | 前半 | 札幌市, 2009 |
| | | 2 | | | | 後半 | |
| | | 1 | | | | | |
| | | 1 | | A類+E類 | IV3群 | 後半 | |
| 13 | N156遺跡 | 1 | | A類 | V2群 | 後半 | 札幌市, 1999b |
| 14 | K445遺跡 | 1 | | B類 | III群 | 前半 | 札幌市, 2004 |
| 15 | K499遺跡 | 1 | | A類 | IV1群 | 前半 | 札幌市, 1999a |
| | | 3 | | A類 | IV1群 | 後半 | |
| | | | | A類+D類 | IV2群 | | |
| 16 | K501遺跡 | 2 | | A類 | IV1群 | 前半 | 札幌市, 1999a |
| | | 1 | | | | 後半 | |
| 17 | 船浜遺跡 | 1 | | A類 | IV1群 | 後半 | 小樽市, 2002 |
| | | 1 | | A類+D類 | IV2群 | | |
| 18 | 蘭島餅屋沢遺跡 | 2 | | A類 | IV1群 | 後半 | 小樽市, 1991 |
| 19 | 大川遺跡 | 2 | | A類 | IV1群 | 前半 | 余市町, 2000a |
| 20 | 入舟遺跡 | 1 | | - | - | - | 余市町, 2000b |
| 21 | 堀株1遺跡 | 1 | | A類 | IV1群 | 前半 | 泊村, 2005 |
| 22 | 堀株神社遺跡 | 1 | | - | - | - | 泊村, 1996 |
| 23 | 円山1遺跡 | 1 | 地域D | - | - | - | 夕張, 1967 |
| 24 | カリンバ2遺跡 | 1 | | - | - | - | 恵庭市, 1998 |
| 25 | 茂漁5遺跡 | 1 | | - | - | - | 恵庭市, 1997 |
| 26 | ユカンボシE10遺跡 | 1 | | A類 | IV1群 | 後半 | 道埋文, 1998b |
| 27 | ユカンボシC15遺跡 | 3 | | A類 | IV1群 | 後半 | 道埋文, 1998a, 2000, 2001 |
| | ユカンボシC15遺跡 | 1 | | | IV1群 | | 道埋文, 1998a |
| 28 | 末広遺跡 | 2 | | A類 | IV1群 | 前半 | 千歳市, 1981, 1982 |
| | | 1 | | | | 後半 | 千歳市, 1981 |
| | | 1 | | A類+C類 | V1群 | 後半 | 千歳市, 1996 |
| 29 | チプニー1遺跡 | 1 | | A類 | IV1群 | 前半 | 道埋文, 2002 |
| | | 1 | | | | 後半 | |
| | | 1 | | A類+D類 | IV2群 | 後半 | |
| 30 | トメト川3遺跡 | 1 | | A類 | IV1群 | 前半 | 千歳市, 2004 |
| 31 | 祝梅川上田遺跡 | 2 | | A類 | V2群 | 後半 | 道埋文, 2007, 2013b |
| 32 | 祝梅川小野遺跡 | 2 | | A類 | IV群 | 前半 | 道埋文, 2013a |
| | | 2 | | A類 | | | |
| 33 | キウス5遺跡 | 1 | | - | - | - | 道埋文, 2008 |
| 34 | 美々8遺跡 | 4 | | A類 | IV1群 | 前半 | 工藤他, 1982, 道埋文, 1994, 1996 |
| | | 1 | | A類 | IV群 | 前半 | 工藤他, 1982 |
| | | 2 | | A類 | IV1群 | 後半 | 道埋文, 1994, 1996 |
| | | | | A類+C類 | V1群 | 前半 | 道埋文, 1994 |
| | | | | | V1群 | 後半 | |
| 35 | タプコプ遺跡 | 1 | | - | - | - | 佐藤他, 1984 |
| 36 | 柏原24遺跡 | 1 | | A類 | IV1群 | 前半 | 苫小牧市, 1986 |
| 37 | 柏原5遺跡 | 1 | | A類 | IV1群 | 前半 | 苫小牧市, 1997 |
| 38 | 平安D遺跡 | 1 | | A類 | IV1群 | 前半 | 早来町, 1973 |
| 39 | 当麻内 | 1 | | - | - | - | 厚真村, 1956 |
| 40 | 富里1遺跡 | 1 | | A類 | IV1群 | 前半 | 道埋文, 2018 |
| 41 | ニタップナイ遺跡 | 1 | | A類 | IV1群 | 後半 | 厚真町, 2009b |
| | | 1 | | A類+D類 | IV2群 | | |
| 42 | 幌内7遺跡 | 1 | | - | - | - | 厚真町, 2010 |
| 43 | 厚幌1遺跡 | 1 | | A類 | IV1群 | 前半 | 道埋文, 2017b |
| 44 | 上幌内モイ遺跡 | 3 | | A類 | IV1群 | 前半 | 厚真町, 2007 |
| | | 1 | | A類 | IV1群 | 後半 | |
| | | 1 | | A類+E類 | IV3群 | 後半 | |
| | | 1 | | A類 | V2群 | 後半 | 厚真町, 2009a |

| NO. | 遺跡名 | 出土点数 | 地域区分 | 文様分類 | 土器群分類 | 榊田編年 | 文献 |
|---|---|---|---|---|---|---|---|
| 45 | ヲチャラセナイ遺跡 | 1 | 地域D | A類 | IV群 | 後半 | 厚真町, 2013 |
| | | 1 | | A類+C類 | V1群 | - | |
| 46 | ショロマ1遺跡 | 1 | | A類 | IV群 | 後半 | 厚真町, 2018 |
| | | 1 | | A類+C類 | V1群 | 後半 | |
| 47 | ショロマ4遺跡 | 1 | | A類 | IV群 | 後半 | 道埋文, 2016 |
| | | 1 | | A類+C類 | V1群 | 後半 | |
| | | 1 | | A類+D類 | IV2群 | 後半 | |
| | | 1 | | A類+E類 | IV3群 | 後半 | |
| 48 | 上幌内2遺跡 | 3 | | A類 | IV1群 | 前半 | 厚真町, 2017 |
| | | 1 | | A類 | V2群 | 後半 | |
| 49 | 上幌内3遺跡 | 1 | | A類 | IV群 | 前半 | 道埋文, 2017a |
| | | 1 | | A類 | IV群 | 後半 | |
| 50 | オニキシベ2遺跡 | 1 | | A類 | IV群 | 後半 | 厚真町, 2011 |
| 51 | オニキシベ4遺跡 | 1 | | A類+D類 | IV2群 | 後半 | 厚真町, 2014 |
| | | 1 | | A類+E類 | IV3群 | 後半 | |
| 52 | 花岡1遺跡 | 1 | | A類 | IV1群 | 前半 | 大場他, 1964 |
| 53 | 二風谷遺跡 | 1 | | A類 | IV1群 | 後半 | 道埋文, 1986 |
| | 二風谷遺跡 | 5 | | A類 | IV1群 | 前半 | 道埋文, 1986 |
| | 二風谷遺跡 | 1 | | A類 | IV1群 | | 道埋文, 1986 |
| | 二風谷遺跡 | 1 | | A類+G類 | II群 | 前半 | 道埋文, 1986 |
| 54 | ピパウシ2遺跡 | 1 | | A類 | IV1群 | 後半 | 平取町, 1995 |
| 55 | イルエカシ遺跡 | 1 | | A類 | IV1群 | 前半 | 鶴丸, 1989 |
| 56 | カンカン2遺跡 | 1 | | A類 | IV1群 | 前半 | 平取町, 1996 |
| 57 | 岩知志1遺跡 | 1 | | - | - | - | 平取町, 1974 |
| 58 | エサンヌップ4遺跡 | 1 | | A類+D類 | IV2群 | 後半 | 門別町, 1987 |
| 59 | 南有珠7遺跡 | 2 | 地域E | A類 | IV1群 | 前半 | 伊達市, 1984 |
| | | 1 | | A類 | IV1群 | 後半 | |
| | | 1 | | A類+C類 | V1群 | 後半 | |
| | | 1 | | A類+D類 | IV2群 | 後半 | |
| 60 | 有珠オヤコツ遺跡 | 1 | | H類 | II群 | | 伊達市, 1993 |
| | | 1 | | A類 | IV1群 | 後半 | 伊達市, 2005 |
| | | 1 | | A類+E類 | IV3群 | 後半 | 伊達市, 1993 |
| 61 | 有珠善光寺2遺跡 | 1 | | G類 | II群 | | 伊達市, 2005 |
| | | 2 | | A類 | IV1群 | 後半 | 伊達市, 1989, 2005 |
| 62 | 高砂貝塚 | 1 | | - | - | - | 洞爺湖町, 2007 |
| 63 | 祝津貝塚 | 1 | | A類 | IV1群 | 後半 | 大場1962 |
| 64 | 山崎砂鉄採取場 | 1 | | A類+D類 | IV2群 | 後半 | 豊田1987a |
| 65 | 原口館 | 1 | 地域F | - | - | - | 松前町, 1993 |
| 66 | 大平4遺跡 | 1 | 地域G | - | - | - | 東通村, 1999 |
| 67 | 上野平遺跡 | 1 | | A類 | IV1群 | 前半 | 橘他1977 |
| 68 | 蓬田大館遺跡 | 1 | | A類 | IV群 | 前半 | 桜井他1987 |
| | | 3 | | A類 | | | |
| 69 | 小館遺跡 | 1 | | A類 | IV1群 | 前半 | 桜井1977 |
| 70 | 内真部遺跡 | 1 | | - | - | - | 北林, 1971 |
| 71 | 築木館々址 | 1 | | - | - | - | 北林, 1971 |
| 72 | 新田遺跡 | 1 | | F類 | I群 | 3段階 | 青森市2011b |
| | | 1 | | G類 | II群 | | |
| | | 2 | | A類 | IV1群 | 前半 | 青埋文2009b、青森市2014 |
| 73 | 高屋敷館遺跡 | 1 | | - | - | - | 青森県, 1998 |
| 74 | 赤平遺跡 | 2 | | A類 | IV1群 | 前半 | 青埋文2007 |
| | | 1 | | A類 | | | 青埋文2007 |

地域A：北海道北部
地域B：北海道東部
地域C：石狩低地帯北部・後志
地域D：石狩低地帯南部・日高西部
地域E：北海道南部太平洋沿岸
地域F：北海道南部日本海沿岸
地域G：東北地方北部

# 北海道出土のガラス小玉について
## —製作技法および基礎ガラス材質の変遷—

## About the Small Glass Beads Excavated in Hokkaido
### —The Change of Production Technique and Basic Glass Materials—

髙橋　美鈴

Misuzu TAKAHASHI

Key-words： 続縄文文化期（Ep-jomon Culture Period）、擦文文化期（Satsumon Culture Period）、オホーツク文化期（Okhotsk Culture Period）、中世アイヌ文化期（Middle Ages Ainu Culture Period）、材質分析（Materials analysis）

## はじめに

　ガラス小玉を主とするガラス製品は、弥生時代に大陸から日本にもたらされ、古墳時代に入るころには本州全土から出土する。北海道では交易品として流入し、古くは続縄文文化期にその存在が確認できる。後続するオホーツク文化期、擦文文化期の遺跡からも出土するが、その量はわずかである。アイヌ文化期に入るとガラス小玉は増加し、該期を代表する装飾品として位置づけられる。

　アイヌ語で「タマサイ」と呼ばれるガラスの首飾りは、時代の流れと共に装飾性を増す傾向があり、鮮やかで多様なガラス玉はアイヌ民族を特徴づける民具資料として知られている。しかしながら、これらがどのような経路で北海道に流入し、どのように移り変わっていったのかはいまだ不明な点が多い。

　このことから、本稿では続縄文文化期を中心に擦文文化期までのガラス小玉の特徴、基礎ガラス材質の変遷についてまとめ、アイヌ文化期以前の北海道内での様相について考察する。

## I　ガラス小玉の調査方法

　遺跡から出土したガラス小玉の調査方法としては、①肉眼や顕微鏡観察による形態的特徴の調査、②科学的分析による材質の調査がある。次に、それぞれの調査の目的および観察内容をまとめることとする。

### 1　形態的特徴の調査

　ガラス小玉の調査では、まず観察による色調や製作技法の同定を目的とした形態的特徴の調査をおこなう。

　はじめに、肉眼観察による色調や透明度の調査をおこなう。色調については、のちの材質分析で着色因子を同定し決定するが、濃淡については肉眼観察にて同定する。次に顕微鏡観察を実施し、製作技法の痕跡である気泡筋・気泡列の状態や蝕痕の有無を確認する。気泡筋・気泡列、蝕痕の状態によって製作技法を判別する。また、引き伸ばし技法において、吹き技法で製作された中空のガラス管を用いたガラス小玉には、端面に孔を中心とする同心円状の蝕痕みられる。そのほか、ガラス内に未溶解のガラス粒が残っている場合は、鋳型法で製作された可能性が高い。

　現在、ガラス小玉の製作技法は、6種類ほど確認されており、上記以外にも観察すべきところがある（表1）。とくに北海道においては、枝幸町目梨泊遺跡で確認されたガラス小玉のように、北海道外では未確

様似町教育委員会　〒058－0014　様似町大通1丁目21番地

認の製作技法もあり、その同定には注意が必要である。

## 2　基礎ガラス材質調査

　続いて材質分析の調査を実施する。ガラス小玉の材質分析では、主にエネルギー分散型蛍光X線分析が用いられる。蛍光X線分析による材質分析によって、基礎ガラス材質や着色因子の同定が可能となる。

　ガラスの着色には主に①金属イオンによる着色、②金属元素による着色があり、ほとんどが①によるものである。ムチサラと呼ばれる赤褐色不透明ガラスは、銅コロイドによる着色で、②の方法によるものである。続縄文文化期で多く出土する淡青色及び濃紺色ガラスにおいて、濃紺色ではコバルトが、淡青色であれば銅が着色因子となっている。

　田村(2013)によると、同じコバルト着色であってもコバルトに含まれるマンガンの含有量が多いタイプと少ないタイプが確認されており、前者はカリガラスに用いられ、後者は植物灰を用いた低アルミナソーダ石灰ガラスに使用されている。

　基礎ガラス材質については、肥塚・田村・大賀(2011)が行なった分類が基礎となっており、ガラスに用いられている融剤(アルカリ及びPbO)の含有量によって、大きくアルカリケイ酸塩ガラスと鉛ケイ酸塩ガラスとに分け、その中でさらに細分をおこなっている。

　アルカリケイ酸塩ガラスは、①$K_2O$と$SiO_2$を主成分とし、$Al_2O_3$を数%含有し、$Na_2O$と$CaO$を1〜2%前後、もしくはそれ以下しか含有しない特徴を持つカリガラス($K_2O-SiO_2$)、②$CaO$の含有量が1〜4%、$Al_2O_3$を6〜10%程度含有する高アルミナソーダ石灰ガラス($Na_2O-Al_2O_3-CaO-SiO_2$)、③$CaO$の含有量が多く、$Al_2O_3$を2〜3%程度含有する低アルミナソーダ石灰ガラス($Na_2O-CaO-SiO_2$)などがある。低アルミナソーダ石灰ガラスは、$MgO$および$K_2O$の含有量や製作技法によって植物灰タイプ、ナトロンベースタイプ、ナトロンタイプの3つに分けられる。これらは、ソーダの原料の違いであり、$MgO$および$K_2O$の含有量、製作技法に違いがみられる。

　鉛ケイ酸塩ガラスは、鉛ガラスや鉛バリウムガラスがあり、中世にはカリ鉛ガラスがある。また、カリウムや鉛は、風化の影響を受けやすく、ガラスの状態により含有量には幅があり、この定量値については慎重な判断が必要である。このほか、弥生時代〜古墳時代のガラス小玉の分類については、大賀・田村(2013・2015)によって、さらに細分され、製作技法や流通について考察されている。図1は、肥塚分類(肥塚・田村・大賀, 2011)を示し、表2に田村分類(Oga・Tamura, 2013)を記した。

## 表1　調査における観察概要

| 項　目 | 調査内容 | 観　察　内　容 |
|---|---|---|
| 形態的特徴 | 色調 | 紺・青・黄色など |
| | 透明度 | 透明・不透明など |
| | 製作時の痕跡 | 気泡筋・気泡列の状態 |
| | | 蝕痕の有無 |
| | | 端面の丸み |
| | | 孔内面の荒れ具合や表面のクラックや、ガラス粒の有無 |
| 材質分析 | 色調 | 着色因子の同定 |
| | 基礎ガラス材質 | PbO の含有量 |
| | | $K_2O$・$CaO$・$Na_2O$・$Al_2O_3$ の含有量 |
| | | 低アルミナソーダ石灰ガラスでの $MgO$・$K_2O$ 含有量 |

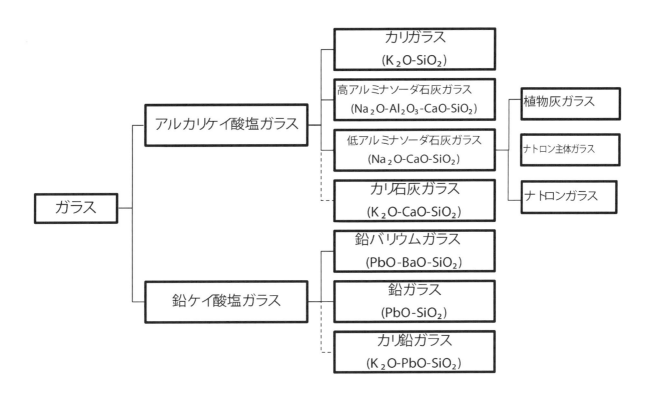

図1　基礎ガラス材質の分類（肥塚・田村・大賀，2011 を一部改変）

表2　基礎ガラス材質の分類（肥塚・田村・大賀，2011 を一部改変）

| 材質分類 | | | 製作技法 | 着色剤 | 時期 | 生産地 |
|---|---|---|---|---|---|---|
| 鉛ガラスグループ | 鉛バリウム | GroupL I A | 巻き付け | 銅 | B.C. 3c–B.C. 2c | 中国北部 |
| | | GroupL I B | 振り巻き | 銅・銅＋漢青 | B.C. 1c–A.D. 2c | 中国南部 |
| | | GroupL I C | 包み巻き | 銅 | A.D. 1c | 中国 |
| | 鉛バリウム | GroupL II A | 巻き付け | 銅 | A.D. 1c–A.D. 2c | 中国 |
| | | GroupL II B | 巻き付け | 銅・鉄 | A.D. 7c– | 韓国（百済）→日本 |
| カリガラス | 中アルミナ | GroupP I | 引き伸ばし・包み巻き・加熱貫入 | コバルト・銅＋マンガン・鉄 | B.C. 3c–(A.D. 5c) | 南アジア |
| | 高アルミナ | GroupP II | 引き伸ばし・包み巻き・加熱貫入 | 銅 | B.C. 1c–(A.D. 3c) | 北ベトナム〜中国南部 |
| ソーダガラスグループ | ナトロン | GroupS I A | 包み巻き／連珠 | コバルト | A.D. 2c | 地中海 |
| | | GroupS I Ba | 巻き付け（リング） | コバルト | early A.D. 5c | 不明 |
| | | GroupS I Bb | 包み巻き／連珠 | コバルト | early A.D. 5c | 不明 |
| | | GroupS I Bc | 包み巻き・連珠 | コバルト | early A.D. 5c | 不明 |
| | 高アルミナ | GroupS II A | 引き伸ばし | コバルト | latter A.D. 1c–(A.D. 5c) | 南アジア・東南アジア |
| | | GroupS II B | 引き伸ばし・包み巻き・連珠 | 銅・銅＋マンガン・鉄・錫酸鉛・銅＋錫酸鉛・マンガン・金属銅コロイド・酸化銅コロイド・コバルト | A.D. 4c–A.D. 6c | 南アジア・東南アジア |
| | 植物灰 | GroupS III A | 包み巻き | 鉄 | latter A.D. 1c | 中東〜中央アジア |
| | | GroupS III B | 引き伸ばし・連珠・加熱貫入 | コバルト・鉄 | latter A.D. 5c–A.D. 6c | 中東〜中央アジア |
| | | GroupS III C | 変則的な引き伸ばし | コバルト・銅・マンガン・錫酸鉛・銅＋錫酸鉛 | early A.D. 7c | 中東〜中央アジア |
| | ナトロン主体 | GroupS IV | 引き伸ばし・包み巻き・加熱貫入 | コバルト | A.D. 2c–(A.D. 5c) | 南アジア・東南アジア |
| | プロト高アルミナ | GroupS V A | 引き伸ばし・包み巻き・加熱貫入 | 銅＋錫酸鉛・銅・金属銅コロイド | latter A.D. 1c–A.D. 2c | 南アジア・東南アジア |
| | | GroupS V B | 連珠 | 銅 | latter A.D. 2c–A.D. 3c | 不明 |
| | | GroupS V C | 加熱貫入 | 銅 | A.D. 4c | 不明 |

## Ⅱ　北海道における文化期ごとのガラス小玉の特徴

### 1　続縄文文化期

　続縄文文化期の遺跡からガラス小玉の出土が確認されるのは後北Ｂ式期、後北Ｃ₁式期からである。これらの時期のガラス小玉出土遺跡は、浦幌町十勝太若月遺跡、森町鷲ノ木遺跡、同町鷲ノ木４遺跡などがある。

　十勝太若月遺跡では、後北Ｃ₁式期とされる土壙墓24から出土した淡青色ガラス小玉１点と、同じく後北Ｃ₁式期とされる土壙墓26から出土した紺色ガラス小玉１点と淡青色ガラス小玉９点が報告されている（浦幌町教育委員会，1975）。

　鷲ノ木遺跡では、ガラス小玉が後北Ｂ式期、Ｃ₁式期の土器が共伴した焼土列４のFP-77から完形品１点、FP-69から破片２点が出土している。また、焼土付近の後北Ｂ式期、後北Ｃ₁式期の土器と同一層位からは、ガラス小玉が完形品２点と破片４点が出土している（森町教育委員会，2008）。このほかに、焼土（FP-49）からガラス小玉１点が出土している（越田・高橋・竹内・中村，2014）。色調は、いずれも淡青色である。

　鷲ノ木４遺跡では、ガラス小玉が骨片集中（BH-10）より後北Ｂ式期、後北Ｃ₁式期に相当する土器と伴に完形玉１点が出土している。また、ガラス小玉は、続縄文文化期に相当する剥片・砕片の集中（TH-7）より、破片１点が出土している。これらの色調は、スカイブルー（淡青色）と報告されている（森町教育委員会，2006）。

　このほか、苫小牧市タプコプ遺跡では、ガラス小玉が後北期の８号墳墓から13点、14号墳墓から２点、包含層から３点が出土している（苫小牧市教育委員会，1984）。

　後北Ｃ₂・Ｄ式期から北大Ⅰ式期になると、ガラス小玉の流入が多くみられるようになる。この時期の特徴を示す資料としては、厚真町朝日遺跡や恵庭市柏木Ｂ遺跡から出土したものがあげられる。

　朝日遺跡では、ピット18から12点、ピット25から17点、遺物包含層から１点のガラス小玉が出土している（北海道埋蔵文化財センター，2015）。

　柏木Ｂ遺跡では、後北Ｃ₂・Ｄ式期から北大Ⅰ式期の遺構である第71号土壙墓からガラス小玉26点が出土している（恵庭市教育委員会，1981）。色調は、いずれも濃紺色である。

### 2　オホーツク文化期

　オホーツク文化期から出土したガラス小玉は、枝幸町目梨泊遺跡のものがあげられる。

　目梨泊遺跡では、①引き伸ばし技法、②変則的な引き伸ばし技法、③特殊な二次的な加工痕がみられる技法、の３パターンの製作技法が報告されている（田村・大賀，2015）。

　この内、③で製作されたガラス小玉には、片側端面の開孔部周辺から孔内壁にかけて皺状の凹凸が顕著に観察され、国内では目梨泊遺跡のみで確認されている。このことから、田村・大賀（2015）は、その流入経路について「東北北部では太平洋岸を中心にして、７世紀後半に造営が開始され、８世紀に最も盛行した末期古墳に大量のガラス小玉が副葬されているが、末期古墳から出土するガラス小玉は鋳型を使用して再生されたものが圧倒的に多いなどガラス小玉の構成を考慮すると、不整合な点が多い」との見解を示し、東北地方が目梨泊遺跡のガラス小玉の流入経路として相応しいとは言えないとしている。筆者は、③で製作されたガラス小玉は、サハリンや沿海州でも出土していることを確認しており（高橋・田村，2016）、流入経路として大陸からの経路を想定する方が妥当である。

　時期が近い奥尻町青苗遺跡から出土したガラス小玉の分析から大賀・田村・稲垣・中村（2017）は、「目梨泊遺跡例は本州以南の地域とは類似性が乏しく、沿海州等の大陸側から直接的に流入したガラス玉であると考えられるのに対して、青苗遺跡の例は本州域、特に当該期に玉類の豊富な副葬が認められる東北北部の太平洋岸から、水晶製切子玉や滑石製丸玉とともに流入したと考えられる」と指摘している。

### 3　擦文文化期〜中世アイヌ文化期

　続縄文文化期後葉〜擦文文化期前半にかけては、北海道内のガラス小玉の流入が極めて少なく、北大

Ⅰ式期以降、擦文文化期の遺跡でガラス小玉が出土している例は数少ない。その中でも代表的な出土例として根室市穂香竪穴群の住居跡の覆土から出土した57点があげられる。これらは、孔と垂直の蝕跡がみられることから巻きつけ技法で製作されたと考えられる。風化によって表面全体が白色の風化層に覆われている個体と程度の少ない個体の2種類に分けられる。

また、穂香竪穴群では、1点が濃紺色を呈し、両端面に強い研磨がみられる大型のガラス玉がみられることも注目できる。このガラス小玉の類例が、ロシア沿海州パルチザン区フロロフカ村に所在するシャイガ城址から出土している(髙橋・田村，2016)。

このほか、擦文文化期の可能性があるガラス小玉が出土した遺跡は、札幌市K501遺跡(包含層)、松前町札前遺跡(住居跡)、旭川市錦町5遺跡(住居跡)、平取町カンカン2遺跡(盛土)、共和町下リヤムナイ遺跡(住居跡)、小平町高砂遺跡第2地点(住居跡)などがあるが、全て墓坑以外での出土で、出土点数も少ない(髙橋，2015)。また、札前遺跡と錦町5遺跡のものは、板状ガラス片との報告があり、ガラス小玉ではない。このように、擦文文化期は、続縄文文化期と出土状況や出土量に違いがみられる。

また、中世アイヌ文化期のガラス玉としては、伊達市有珠オヤコツ遺跡や厚真町上幌内2遺跡、同町オニキシベ2遺跡から出土したものがある。

有珠オヤコツ遺跡は、方形配石墓Ⅱ号から27点が出土している。また、オニキシベ2遺跡からは1号土壙墓から58点以上のガラス小玉が出土し、その中には有珠オヤコツ遺跡でも出土がみられた白色不透明の母玉に赤色の入組文が施されている入組文トンボがある。

上幌内2遺跡は、GP-05から小玉17点と雫玉2点が出土している。雫玉は、穂香竪穴群、オニキシベ2遺跡でも出土している。また、これらの遺跡から出土したガラス小玉は全て巻き付け技法で製作されている。

## Ⅲ　ガラス小玉の材質の変遷

ここでは、これまで示してきた遺跡のガラス小玉の分析結果から、続縄文文化期から擦文文化期にかけての基礎ガラス材質の特徴、変遷について田村分類(表2)に基づいて示すこととする。

続縄文文化期の後北B式期、後北$C_1$式期の3遺跡から出土したガラス小玉についてみていく。越田・後藤・竹内・中村(2014)により、十勝太若月遺跡のガラス小玉の分析値が報告されている。この分析値によると、濃紺色、淡青色のどちらもカリガラスであり、土壙墓26から出土した濃紺色はCaOを1.5%含有し、コバルトで着色されており田村分類GroupPⅠにあたる。淡青色は、銅着色でCaOの含有量が1%未満で$Al_2O_3$が5%以上とGroupPⅠに比べて$Al_2O_3$の含有量が高いことから高アルミナタイプである田村分類GroupPⅡに該当する。

鷲ノ木遺跡、鷲ノ木4遺跡出土のガラス小玉は、越田・髙橋・竹内・中村(2014)および柳瀬・松崎・澤村・中村・森岡・中井(2015)によって分析がおこなわれており、これらの分析値より淡青色カリガラスであると考えられ、田村分類GroupPⅡに該当する。このことから、北海道でのガラス小玉の出現期である後北B式期、後北$C_1$式期ではカリガラスのみの流通がみとめられる。また、後北期とされるタプコプ遺跡出土のガラス小玉についても赤石・越田・中村・竹内(2014)、柳瀬・松崎・澤村・中村・森岡・中井(2015)によって分析がおこなわれている。赤石・越田・中村・竹内(2014)の分析によると全てカリガラスとされ、8号墳墓は全て田村分類GroupPⅠ、14号墳墓は田村分類GroupPⅠとGroupPⅡが1点ずつとなる。

次に、後北$C_2$・D式期から北大Ⅰ式期であるが、朝日遺跡のガラス小玉については、髙橋(2015b)、今井・柳瀬・馬場・中井・中村・小川・越田(2017)の分析が報告されている。髙橋の報告を基にすると、出土点数30点の内、コバルト着色のカリガラス3点が田村分類GroupPⅠ、銅着色のカリガラス4点が田村分類GroupPⅡ、高アルミナソーダ石灰ガラス12点(淡青色11点、濃紺色1点)が田村分類GroupSⅡB。そのほか、低アルミナソーダ石灰ガラスは10点出土している。この10点について今井・柳瀬・馬場・中井・中村・小川・越田(2017)は、MgOおよび$K_2O$の含有量少ない(＞1.5wt%)ことからナトロンガラス(SⅠ)としている。

しかし、先行研究においてこれまでナトロンガラスとされている資料はMgOおよび$K_2O$の含有量が

31

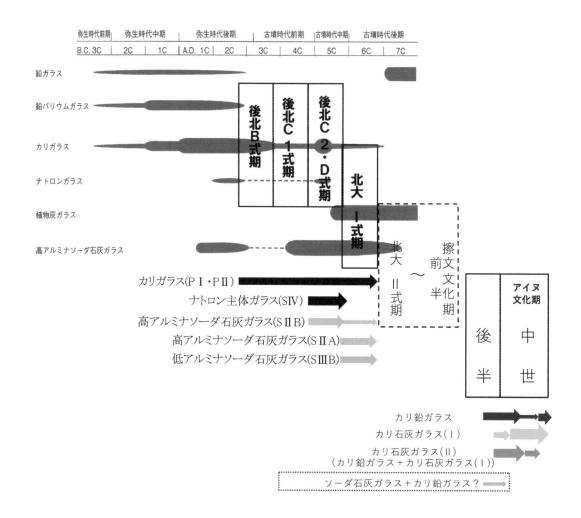

**図2　北海道における基礎ガラス材質の変遷** （肥塚・田村・大賀，2011を一部利用）

1.5wt％以下であることに加え、MnO の含有量が少なく、かつ、引き伸ばし技法ではない方法によって製作されたものに限られる。

　このことから、本資料は、MgO および K₂O の含有量は少ないが、引き伸ばし技法で製作されていること、MnO の値が大きいことから厳密にはナトロンガラスではなく田村分類 GroupS Ⅳに相当するナトロン主体ガラスの可能性が高いことが指摘できる。朝日遺跡では、そのほかに中世のものと思われるカリ鉛ガラスが1点出土している。

　柏木B遺跡のガラス小玉については、髙橋・越田・竹内・中村(2019)によって分析値が報告されている。カリガラス21点は田村分類 GroupP Ⅰ、植物灰タイプの低アルミナソーダ石灰ガラス5点はの田村分類 GroupS Ⅲである。また、擦文文化期～中世アイヌ文化期のガラス小玉である穂香竪穴群、上幌内2遺跡、オニキシベ2遺跡の分析については、田村・髙橋(2020)によって分析が行われている。

　穂香竪穴群では49点の分析を実施し、材質的特徴を大きく4種類に分類している。

　一つめは、PbO が多く(>40%)、かつ CaO が少ない(<1%)特徴を示す、カリ鉛ガラスと呼ばれるものである。

　二つめは、K₂O および CaO の含有量が多いカリ石灰ガラスと呼ばれるもので PbO の含有量が極めて少ない(<1%)のものである(カリ石灰ガラスⅠ)。

　三つめは、K₂O および CaO 含有量が多いカリ石灰ガラスで PbO の含有量が10%以上のもので、カリ鉛ガラスとカリ石灰ガラスの中間的な組成を示すものである(カリ石灰ガラスⅡ)。

　四つめは、Ⅱ-3で記した紺色で両端面に強い研磨を施しているもので、PbO の含有量が比較的に多

いが、$K_2O$ 及び $CaO$ の含有量が少なく、ソーダ石灰ガラスとカリ鉛ガラスの混合の可能性があるものである。

　これら穂香竪穴群出土ガラス小玉の基礎ガラス材質は、続縄文文化期から出土するものとは大きく組成が異なり、いわゆる「中世のガラス」と呼ばれるものである。カリ鉛ガラスは、10世紀後半に中国からもたらされ、12世紀ごろに国産化し、12世紀半ばには長崎県対馬の対州鉱山の鉛を用いたものに収斂されるとされる（降幡・比佐・齋藤，2014）。カリ石灰ガラスは、中国において元代末から明代にかけて流通が確認され、中国山東省淄博市博山では14世紀中葉の大規模なガラス工房趾が見つかっている（干2005・張 2005）。

　次に、中世アイヌ文化期であるが、上幌内2遺跡では分析を実施した19点全てがカリ鉛ガラスであった。オニキシベ2遺跡のものは風化が著しいものが多かったため推定も含むが、雫玉を含む5点がカリ鉛ガラス、入組文トンボ玉を含む34点がカリ石灰ガラスであった（カリ石灰ガラスⅠ、Ⅱ）。

　有珠オヤコツ遺跡は、田村・青野・中村（2017）によると、分析で材質の同定が可能だった25点のうち1点でカリ鉛ガラスと思われるもの以外はカリ石灰ガラスであった。

　上幌内2遺跡から出土した資料全てがカリ石灰ガラスに先行して流入するカリ鉛ガラスであるのに対し、有珠オヤコツ遺跡ではカリ石灰ガラスが主体となっている点で、遺構の時期と基礎ガラス材質についての関係性が示唆されるところである。

## Ⅳ　ガラス小玉の流入の変遷

　北海道におけるガラス小玉の変遷を図2に示した。また、本州における流通時期は、肥塚・田村・大賀（2011）に示されており、これを参考に図2に加えた。本州の弥生時代後期から終末期に多く流通する濃紺色カリガラス（PⅠ）が含まれるガラス小玉が出土する遺跡は、十勝太若月遺跡の土壙墓26、タプコプ遺跡の8号墳墓と14号墳墓からである。

　古墳時代前期に流入する淡青色カリガラス（PⅡ）を主とするガラス小玉は、森町鷲ノ木遺跡から出土している。朝日遺跡のガラス小玉は、古墳時代前期中頃まで流通が確認されている銅着色のカリガラス（PⅡ）4点を除けば、全て本州で古墳時代中期から流通するガラスで構成されている。柏木B遺跡では、コバルト着色のカリガラス（PⅠ）と植物灰ガラス（SⅢ）が共に出土している。コバルト着色のカリガラスは古墳時代中期はじめに再び流入し、植物灰ガラスについては古墳時代中期以降に流入する。

　これら後北B式期、後北 $C_1$ 式期から北大Ⅰ式期の遺跡間における基礎ガラス材質の違いについて、今井・柳瀬・馬場・中井・中村・小川・越田（2017）は、鷲ノ木遺跡からカリガラス、朝日遺跡からは低アルミナソーダ石灰ガラスが出土している点から、北海道内におけるガラス材質の地域差を指摘している。しかし、材質の変遷について北海道と本州で大きな相違はみられないことや首長墓に埋葬されることが多い黄色や黄緑色のガラス小玉が北海道では見られないことから、続縄文文化期の流入経路は本州由来と考えられる。さらに、後北B式期、後北 $C_1$ 式期ではカリガラス、後北 $C_2$・D式期から北大Ⅰ式期にかけてはそれ以外のガラス材質も多く流入する状況は、本州以南のガラス材質の流通時期の違いによる可能性が高い。そのため、地域差よりも時期差による流通材質の変化とみる方が妥当である。

　しかしながら、古墳時代中期から流通するガラスが後北 $C_2$・D式期から北大Ⅰ式期の遺構から出土する点に関しては、他の遺物とも併せて総合的な判断を要する。東北の末期古墳では、変則的な引き伸ばし技法で製作された大量のガラス玉が出土する事例が多く見られるに対し、これらのガラス小玉が道内で出土していない点についても北海道における流通・交易を検討する上で重要な事柄の一つである。

　その後、北大Ⅰ式期以降は擦文文化期後半までまとまったガラス小玉の出土事例はなく、一旦北海道におけるガラスの流入が乏しくなる。本州においても古墳時代から飛鳥・奈良時代へと移り変わる中でガラス小玉の流通にも変化が生まれ、鎮壇具など仏具としてわずかなガラス小玉が出土するにとどまる。そして、10世紀後半には、中国から全く新しいタイプのカリ鉛ガラスが流入し、生産技術自体も受容することで11世紀後半以降にはカリ鉛ガラスを中心としたガラスの流通と生産が再開することとなる。

北海道では、西島松5遺跡の北大Ⅲ式期の包含層からガラス小玉1点が出土している。未分析資料ではあるが、報告書から推測するとアルカリ珪酸塩ガラスの可能性が高い(北海道埋蔵文化財センター, 2002)。そのほか、擦文文化期で分析が実施されているカンカン2遺跡の盛土から出土したガラス小玉がカリ鉛ガラスであり(沙流川歴史館, 2013)、北海道においても本州と大きな差がなく10世紀から11世紀ごろにカリ鉛ガラスに移り変わっていることがわかる。

西島松5遺跡のガラス小玉は包含層から1点の出土であり、伝世品の可能性もあることから、この時期を示すものとはならない。しかし、カリ鉛ガラスの北海道への流入は11世紀前後と考えられ、カリ鉛ガラスについても本州に同調していることがわかる。また、田村・髙橋(2020)は擦文文化期後半の穂香竪穴群とアイヌ文化期である有珠オヤコツ遺跡、上幌内2遺跡、オニキシベ2遺跡とともに鉛同位対比分析を実施している。その結果、穂香竪穴群、オニキシベ2遺跡、上幌内2遺跡から出土したカリ鉛ガラスには、対州鉱山の鉛が用いられている可能性が高いことが判明した。また、カリ石灰ガラスについては、鉱床の特定に至っていないものの中国の鉱床の可能性が高い。このことからも、カリ鉛ガラスが大陸から直接ではなく、本州からの流入と考えるのが妥当であろう。


## おわりに

本稿では、続縄文文化期から擦文文化期のガラス小玉の特徴と基礎ガラス材質の変遷をまとめた。特に、擦文文化期以降、大陸との関係が強い地域に位置する穂香竪穴群でシャイガ城址に類例があるガラス小玉が出土している点や奥州平泉との関係が示唆される厚真町上幌内2遺跡で対州鉱山の鉛を使用したカリ鉛ガラスが多く出土している点も興味深いところである。しかし、北海道全体におけるガラス出土遺跡は多くはなく、分析がおこなわれている遺跡はさらに少ない。

ここで示したガラス小玉の変遷は、あくまでも北海道内における限られた「点」の考察であり、今後の出土遺跡および分析資料の増加によって面的なものとし、さらに詳細な地域差などを検討していく必要がある。

さらに、日本列島での中世以降のガラス小玉の流通を考えると、北海道ではカリ鉛ガラスから置き換わるようにしてカリ石灰ガラスの出土がみられるのに対し、本州での出土事例はほとんど確認されていない。しかし、鹿児島県喜界島の崩リ遺跡から14から15世紀のカリ鉛ガラス(喜界町教育委員会, 2018)が出土している。このような状況についても、今後精査をしていく必要がある。

今後、調査が進んでいない近世アイヌ文化期についても、大陸や国産のガラス玉の流入経路や時期、地域差などを進めていきたい。

**引用・参考文献**

赤石慎三・越田賢一郎・中村和之・竹内孝, 2014; 苫小牧市内遺跡出土のガラス玉(2). 館報, 苫小牧市美術博物館, 第11号, pp. 17-27.

今井藍子・柳瀬和也・馬場慎介・中井泉・中村和之・小川康和・越田賢一郎, 2017; 北海道道央地方で出土した続縄文時代ガラスビーズの考古化学的研究. X線の進歩, 48, (公社)日本分析化学会X線分析研究懇談会, pp. 235-248.

浦幌町教育委員会, 1975; 十勝太若月―第三次発掘調査―, p. 135.

恵庭市教育委員会, 1981; 北海道恵庭市柏木B遺跡発掘調査報告, p. 407.

大賀克彦・田村朋美, 2015; 古墳時代前期のナトロンガラス. 古代学, 第7号, 奈良女子大学古代学学術研究センター, pp. 1-11.

Katsuhiko Oga, ・Tomomi Tamura 2013; Ancient Japan and the Indian Ocean Interaction Sphere: Chemical Compositions, chronologies, Provenances and Trade Routes of Imported Glass Beads in Yayoi-Kofun Period (3rd Century BCE-7th Century CE), Journal on Indian Ocean Archaeology, (9), pp. 35-65.

大賀克彦・田村朋美・稲垣森太・中村和之, 2017；北海道青苗遺跡出土ガラス玉類の考古科学的検討. 51 巻, 函館工業高等専門学校紀要, 函館工業高等専門学校, pp. 38-47.

岡部雅憲・小笠原正明, 1995；北海道の遺跡から出土したガラス玉の化学組成. 北海道考古の諸問題, 北海道考古学第 30 輯, pp. 291-305.

干福熹, 2005；東方古代瑠璃技術的発展. 中国古代瑠璃技術的発展, pp. 52-61.

肥塚隆保・田村朋美・大賀克彦, 2011；材質とその歴史的変遷. 月刊文化財, 11 月号, pp. 13-25.

越田賢一郎・高橋毅・竹内孝・中村和之, 2014；北海道森町の鷲ノ木遺跡から出土したガラス玉の成分分析. 函館工業高等専門学校紀要, 第 48 号, pp. 51-56.

越田賢一郎・後藤秀彦・竹内孝・中村和之, 2014；北海道浦幌町の十勝太若月遺跡から出土したガラス玉の成分分析. 浦幌町立博物館紀要, 浦幌町立博物館, pp. 33-42.

(公財)北海道埋蔵文化財センター編, 2015；厚真町朝日遺跡. (公財)北海道埋蔵文化財センター調査報告書, 北埋調報 313, p. 262.

(公財)北海道埋蔵文化財センター編, 2002；恵庭市西島松 5 遺跡. (公財)北海道埋蔵文化財センター調査報告書, 北埋調報 209, p. 508.

髙橋美鈴, 2015；続縄文時代におけるガラス小玉の材質的特徴と変遷. 北海道考古学, 第 51 輯, pp. 37-56.

髙橋美鈴, 2015b；朝日遺跡出土ガラス小玉の材質分析. 厚真町朝日遺跡, pp. 181-185.

髙橋美鈴・越田賢一郎・竹内孝・中村和之, 2019；北海道恵庭市柏木 B 遺跡出土ガラス玉の形態的特徴及び成分分析. 函館工業高等専門学校紀要, 53, 函館工業高等専門学校, pp. 90-95.

田村朋美, 2013；日本列島における植物灰ガラスの出現と展開. 文化財論叢, Ⅳ, 国立文化財機構奈良文化財研究所, pp. 1367-1384.

田村朋美・大賀克彦, 2015；目梨泊遺跡出土ガラス小玉の考古科学的検討. 枝幸研究, 6, pp. 21-35.

田村朋美・髙橋美鈴, 2020；擦文末期～アイヌ文化期初頭におけるガラス玉の起源と流入経路. 北海道考古学, 56, pp. 1-20.

苫小牧市教育委員会, 1984；タプコプ. 北海道苫小牧市植苗地区国道 36 号改良工事に伴う埋蔵文化財発掘調査報告書, p. 336.

張維用 2005. 元・明・清時代的古代瑠璃技術. 中国古代瑠璃技術的発展, pp. 141-165.

降幡順子・比佐陽一郎・齋藤努, 2014；中世におけるガラスの国産化の可能性. 博多遺跡群のガラス生産遺物に関する分析結果から, 考古学と自然科学, 66, 日本文化財科学会, pp. 25-44.

森町教育委員会, 2006；鷲ノ木 4 遺跡. 茅部郡森町埋蔵文化財調査報告書, p. 384.

森町教育委員会, 2008；鷲ノ木遺跡. 森町埋蔵文化財調査報告書, 第 14 集, p. 440.

柳瀬和也・松崎真弓・澤村大地・中村和之・森岡健治・中井泉, 2015；蛍光 X 線分析による北海道で出土した続縄文時代の古代ガラスの特性化. 分析化学, 64, (5), 日本分析化学会, pp. 371-377.

# 会　則

1．本会は、北方島文化研究会と称します。

2．本会は、「アイヌ文化の源流とその形成および成立過程」を考古学・文献史学・民俗学・民族学・自然科学など、多くの分野から研究を進めることを目的とします。

3．本会の目的を達成するため、次のことを行います。
　a．研究会誌「北方島文化研究」を年1回刊行します。
　b．研究会を開催します。
　c．共同研究、見学会などを必要に応じて行います。

4．本会の企画・運営にあたっては、世話人による事務局、地域連絡員を置き、代表者がこれを統括します。また代表者ならびに事務局・世話人は、本会を責任持って運営にあたります。地域連絡員は、本会と地域の研究・交流に協力します。

5．本会の目的に賛同し、所定の会費を納めたものを会員とします。会費は年 3,500 円（前納）とします。会計は事務局におきます。

6．会員は研究会誌の配布を受け、また、それらに執筆および研究会などに出席することが出来ます。

7．本会の事務局は、会員に対して年1回、事業ならびに会計報告を行います。

8．本会の事務局は下記におき、ホームページを開設します。


　〒047-0261　小樽市銭函3丁目390－7
　北方島文化研究会　事務局　佐藤　剛　宛　　Tel:090-2696-3725
　北方島文化研究会 H.P.　http://www004.upp.so-net.ne.jp/north-islands

**北方島文化研究会**
　代　表　者／右代啓視
　事　務　局／佐藤　剛（事務局長・広報）、土肥研晶・阿部明義（事業）、広田良成（会計）
　世　話　人／青野友哉、石井　淳、長田佳宏、熊木俊朗、角　達之助、高瀬克範、
　　　　　　　高畠孝宗、蓑島栄紀
　地域連絡員／欠員
　編　集　員／酒井秀治、村本周三

# 北方島文化研究会会誌執筆要項

⑴　会誌は、原則として会員が「研究会」で発表した内容を原稿化したものとする。また、「研究会」で発表せずに、投稿を希望する場合は事前に事務局に連絡をし、入稿するものとする。その場合は、会則に即した内容のものとする。

　　原稿は、次の種類に属するものである。A: 論文 16 ページ、B: 研究ノート・資料紹介 8 ページ、C: 研究展望・動向 4 ページ、D: 書評・追悼 2 ページとする。このページ数は最大のもので、これを越える場合は、編集委員会で相談に応じる。

　　A: 論文 / 新しい資料または手法、視点に立って学術水準の新たな地平を拓く研究。

　　B: 研究ノート / まとまった研究(論文)の完成に向けての予備的な報告、あるいは研究における新たな視点・手法などを公表することによって、そのテーマに関心をもつ研究者・関係者から助言・協力を広く求めようとするもの。

　　B: 資料紹介 / 様々な種類の研究資料について紹介し、学術的な意義・注意を喚起するもの。

　　C: 研究展望・動向 / 研究ノートにするには分量的に少ないもの。または「新たな視点」はあるが、その追求のためにより多くの助力・協力が必要なもの。

　　文字判面の 1 ページは縦24cm×横16cmとし、44 字× 45 行の 1 段組(1980字)とする。それぞれ指定の枚数内で本文は 10 ポイント明朝体で執筆すること。なお、指定枚数には図・表・写真を含むものとし、偶数ページで収めるものとする。

⑵　投稿者は、原稿が上記いずれに属するものか、自己申告すること。

⑶　原稿はword または MS-DOS テキストファイル変換したものをフロッピー ・CD・MO 等に記録し、郵送すること(Mail添付は不可)。さらに打ち出した原稿 1 部とコピー 3 部も同封すること。

⑷　キーワードを 5 点以内で選択し、記入する。論文・研究ノートの場合は研究対象を認知させる名詞、あるいは、それに準ずると判断した単一の語句とする。英訳を付すこと。

⑸　A・B について、希望者は英文要旨の作成を認める。規定の枚数内に収めること。

⑹　仮名は原則として新仮名遣いとする。字体は、新字体を用いること。ただし常用漢字表に拘束されない。数字、英字、「」()・,. 等の表記は半角を用いること。

⑺　大項目、小項目の表記については、順に Ⅰ→1→(1)→1)・・・とする。本会誌第 1 号の例を示すと、以下の様になる。

Ⅱ　時期区分　→　3　文様の属性の変遷と時期区分　→　(1)　文様の変遷　→　1)　文様帯について

⑻　註は、1)，2)・・・・等の番号を上付けで示し、論文末尾の引用文献の前に一括すること。

⑼　引用文献は、本文中において(津村, 2000)、(鈴木・西脇, 2003)、(大泰司, 1996・2000)、(鈴木・西脇, 2003, 大泰司, 1996・2000)、あるいは「津村(2000)によると、・・・・」、以上の例のように表記を統一すること。執筆者が 3 人以上の場合は、筆頭者以外を「～ほか」としてあつかい(大泰司ほか, 2003)のように表記すること、(津村, 2000)などの場合　，の後は半角を空けること。

⑽　文中および図中で引用したものは、その出典を末尾の引用文献に五十音順に記載すること。同一著者の論文が複数ある場合は、年代の古いものから順に記すこととする。同一著者の同一年の論文が複数ある場合は、月日の古いものから順に(1999a)、(1999b)などと記すこととする。

　　出典の表記は 9 ポイントの明朝体で下記の例に従うこと。書籍から論文を引用する場合は pp. 77-85. の様に「pp. 」でページを表記する。書籍一冊分を参照した場合は、その最終ページを p. 377. の様に「p. 」で表記する。，；. の後は半角を空ける。

　　参考文献を示したい場合は、引用文献とは別にあつかい引用文献の後に参考文献として一括して記載すること。以下に参考例をあげる。

右代啓視, 1999a；擦文文化の拡散と地域戦略. 北海道開拓記念館研究紀要, 第27号, 北海道開拓記念館, pp. 23-44.

右代啓視, 1999b；第1章 - 先史時代の文化. 稚内市史, 第二巻, 第二編, 稚内市, pp. 60-107.

内山真澄, 1998；続縄文期における石鏃の変化. 時の絆道を辿る, 石附喜三男先生を偲ぶ本刊行委員会, pp. 167-180.

大沼忠春, 1996；北海道の古代社会と文化－七～九世紀－. 古代蝦夷の世界と交流, 古代王権と交流1, 鈴木靖民編, 名著出版, pp. 103-140.

Caley, E. R, 1971；Analyses of some metal ancient Afganistan. R. H. Brill, (ed.), ScienceAnd Archaeology, Cambridge, MIT Press, pp. 106-113.

斉藤 傑, 1967；擦文文化の諸問題. 古代文化, ⅩⅠⅩ5, 財団法人古代學協會, pp. 77-85.

鈴木 信, 2000；H-13の竈廃用祭祀について－千歳市・恵庭市内の遺跡と比較して. 千歳市ユカンボシC15遺跡(3), (財)北海道埋蔵文化財センター調査報告書, 第146集, (財)北海道埋蔵文化財センター, pp. 399-408.

鈴木 信・西脇対名夫, 2003；北海道縄文晩期後葉の土器製作技法について－江別市対雁2遺跡土器集中1の事例から－. 立命館大学考古学論集Ⅲ, 立命館大学考古学論集刊行会, pp. 123-142.

仙庭伸久, 1998；石狩低地帯における石器製作の下限とその形態. 考古学ジャーナル, ニューサイエンス社, pp. 2-8.

深川市教育委員会編, 2000；納内4遺跡・納内8遺跡. p. 67.

(財)北海道埋蔵文化財センター編, 1983；千歳市ママチ遺跡. 北埋調報9, (財)北海道埋蔵文化財センター, p. 377.

八木光則, 1998；東北北部の終末期古墳. 公開シンポジウム要旨集・北海道式古墳の系譜－擦文文化の墓制をめぐって－, 北海道考古学会1998年度研究大会, pp. 3-12.

米村喜男衛, 1980；北海道紋別郡湧別町川西遺跡. 北方郷土・民族誌, 3, 北海道出版企画センター, pp. 171-181.

⑾ 挿図および写真図版は、以下の事項に従うものとする。

挿図・写真図版は、縦24cm×横16cm以内に収まるようにすること。折込みは不可とする。

挿図は明瞭なラインで表現する。黒インクでトレースをするか、もしくはそれに相当する状態・体裁とする。キャプションは貼り込んだ状態で提出する。デジタルデータのあるものについてはデータを別に送付することが望ましい。

挿図のキャプションのうちタイトルは図中央下に10ポイントゴシック体で表示し、図内容(出典等)は8ポイント明朝体で表示する。キャプションの文字原稿は投稿原稿(デジタルデータ)の最後にページを変えて示すこと。

地図・実測図には縮尺・図幅名を明記する。

写真図版はスライドを避け、鮮明な形での白黒印刷が可能な状態にする。

⑿ 表は挿図と同様の状態で提出する。デジタルデータのあるものについてはデータを別に送付することが望ましい。キャプションは挿図と同様の扱いだが、表題については左上部に、内容(出典等)は表下に8ポイント明朝体で貼り込む。

⒀ 過去の会誌に従い、1ページ目の下に現職名・連絡先を8ポイントで明記する。原稿の表題には英文タイトルをつけ、執筆者名をローマ字化して記す。ただし編集委員会で適当な表現に修正することがある。

⒁ 特殊文字使用の際は、その名称等を別紙に記して添付すること。

⒂ 執筆者には本冊を5部用意するが、それ以上の部数を希望する場合、実費の自己負担を前提に相談に応じる。

⒃ 原稿の受付は当会の編集委員会で行い、受理については編集委員会および事務局で決定する。

⒄ 原稿の受付後は、細部の体裁を編集員が調整するが、原稿の内容・表現に大きな問題があると判断した場合は投稿者に修正を求める。また、内容に応じて編集員以外に査読を依頼する場合がある。

執筆要項の不明点については、直接、編集委員会および事務局にお問い合わせください。

# 2018 ～ 2021 年度　北方島文化研究会の活動

2018 ～ 2021 年度の活動においては、以下のとおり研究会、巡見などを実施しました。

| | |
|---|---|
| 2018年9月1日 | 第62回研究会（斜里町 ウナベツ自然休養村管理センター）<br>村本周三氏「トビニタイ文化期の遺構・遺物出土遺跡について」<br>右代啓視氏「2018年国後島の遺跡調査報告」 |
| 2018年9月1・2日 | 巡検　斜里町カモイベツ遺跡、斜里町知床博物館ほか |
| 2018年12月15日 | 第63回研究会（札幌市 北海道博物館）<br>百瀬　響氏「死者に関わるアイヌの送り儀礼」<br>佐藤　剛氏「続縄文時代の土器研究の現状について」<br>乾　茂利氏「浜頓別町ブタウス遺跡の調査成果について」 |
| 2019年3月2日 | 第64回研究会（札幌市 北海道博物館）<br>髙橋美鈴氏「様似町冬島遺跡の調査報告」<br>右代啓視氏「択捉島における江戸後期の史跡」 |
| 2019年5月13日 | 北方島文化研究会たより「Drift　Ice」第19号発行 |
| 2019年12月15日 | 第65回研究会（札幌市 北海道博物館）<br>高畠孝宗氏「目梨泊遺跡出土の金銅装直刀について」<br>佐藤　剛氏「北海道島及び周辺諸島の考古学的な歴史叙述について」 |
| 2020年－2021年 | 新型コロナウィルス感染拡大防止のため、研究会、巡見などを中止。会誌第14号の刊行に向けた査読、編集作業を実施。 |

＊ 2020・2021年度は、新型コロナウィルス感染症防止のため、研究活動を中止または自粛いたしました。

＊ 2021年3月23日付、日本考古学協会からの呼びかけにより、考古学関係学協会の連絡網に参加し、名簿に登載することを了解しました。


# 編　集　後　記

　『北方島文化研究』第14号の刊行にあたり、アイヌの送り儀礼におけるモノの破損行為が様々に変化しつつ現在でも残存することを指摘した百瀬響氏の論文、押捺文が施された擦文土器の検討からその時空的分布を明らかにした山戸大知氏の論文、ガラス小玉の特徴や材質の変遷からアイヌ文化期以前の北海道内の様相を考察した髙橋美鈴氏の研究ノートの三本を掲載することができました。本号は、考古学に加え民族学や文化人類学、自然科学の視点を取り入れた論考となりました。今後も幅広い地域や研究分野を対象とした学際的な研究を掲載できるよう研究会活動をつうじ、会誌編集を進めていきたいと考えております。

　会誌は、本研究会の研究活動の成果であり、研究会で報告した執筆者をはじめ、編集委員会や事務局が協力しあい刊行に向け努力してまいりました。しかし、新型コロナウィルス感染症の拡大防止のため、活動の中止または自粛しながらの査読、編集作業により、大幅に刊行が遅れましたことをお詫び申し上げますとともに、今後の研究活動に向けた会員の皆様のご理解とご協力を賜りますようお願い申しあげます。

（編集員　酒井　秀治）

## 北方島文化研究　第 14 号

発行日／令和 4 年 3 月 20 日
発　行／北方島文化研究会
代　表／右　代　啓　視
事務局／〒 047-0261　小樽市銭函 3 丁目 390 － 7
　　　　佐藤　剛（Tel：090-2696-3725）
　　　　http://www004.upp.so-net.ne.jp/north-islands/

発　売／北海道出版企画センター
　　　　〒 001-0018　札幌市北区北 18 条西 6 丁目 2-47
　　　　（Tel：011-737-1755、Fax：011-737-4007）
振　替／02790・6・16677
　　　　http://www.h-ppc.com/

ISBN978-4-8328-2202-3 C0321 ￥2500E